金馬是引信，亦是誘餌？

遙送習總書記一束橄欖枝

施明德

著

序

金馬是引信，亦是誘餌？

這本五萬字的小書，是我過去一年多論述台灣主權與兩岸戰爭的文章集結而成。積五十年研究與觀察，提出「金馬和平特區條例草案」等。本書的副標題是：

「遙送習總書記一束橄欖枝」。

我熱情地要送出這束橄欖枝，不是因為害怕中國，而是因為：

戰爭真的無情

和平真的無價

對中國人民，對台灣人民，對世人都是如此。史跡斑斑。

天下事，分分合合千古常事；不值得，圖一事之成萬骨枯。

台灣已終結殖民地命運

我在二次世界大戰中出生，飽受美軍的空襲……。

我也曾在小金門擔任過砲兵觀測官，一年多承受中國解放軍的「單打雙不打」。每隔一日，就任由解放軍的榴彈砲呼嘯而來。砲彈無眼，死神隨時都會在無法閃避中吞噬了我……，直到我因為反獨裁統治被捕入獄。

戰爭及生而為殖民地子民的身分，啟發並鞭策我走出一個絕對異於台灣常人的人生。從少年時期，我就決心要把自己的生命奉獻給兩項使命：

第一、奉獻生命於結束台灣四百年的殖民地命運，讓台灣成為一個自由、民主、人權與法治的國度。

第二、促使台灣海峽兩岸人民在平等、互尊的原則下，如兄弟般和平共存於世。

第一項使命，在我有生之年歷經千辛萬苦，已經和台灣人民一起奮鬥實現了。

自由，永遠是反抗者的戰利品，絕對不是掌權者恩賜物。

這項成就，讓我極度欣慰。人類歷史極少奮鬥者能夠像我這般僥倖的、神奇的三度閃過死刑，還活著見到理想成真。

縱然我個人並沒有因之坐享榮華富貴與任何俸祿，且被當今掌權集團視如楢山節考的老人，我仍因我已擁吻了歷史豐碑而自覺榮耀無比……。

但是，要目睹兩岸和平共存的最後願景，此生我應該已經沒有機會了。

眼下我仍致力推動的，呼喚的，只是——

「拔除兩岸最容易引發衝突的引信，和誘使美中大戰的餌，讓金門、馬祖成為和平特區，做兩岸的緩衝地帶，扮演兩岸和平櫥窗的新角色。」

這個目標從我擔任民主進步黨主席大力提倡「金馬撤軍」、「金馬非軍事區」、「金馬和平區」飽受朝野政客公然地責罵侮辱，但是掌權者卻一邊攻訐我，一邊悄悄撤軍，金門守軍從十萬大軍撤剩三千名，馬祖從全盛時期五萬軍隊撤到僅剩二千三百名。

陳兵金馬，已完全改變不了兩岸的終極命運。彈丸之地的金馬小島，連美國具有單邊條約性質的「台灣關係法」都不把它們列入其中，對統獨之局毫不起任何決定性作用，只是讓曾經飽受戰火蹂躪的金馬人繼續淪為統獨之爭的人質，讓舉世側目而已。

台灣現在還駐軍金馬，就像一個小混混在巨人大宅前，揮舞武士刀般可笑。

拿什麼紀念八二三悲劇？

金門、馬祖與中國對岸實施「小三通」已經二十餘年，彼此已形成一定程度的生活共同圈，遠甚於跟台灣的密切關係。在這樣密切自由往來的現狀下，還駐軍金門，除了浪費國防預算和讓軍方佔幾個將軍缺，還有什麼國防軍事意義？難道軍方或者是故意要彰顯：我們的三軍統帥是連授軍階的橫直都分不清的軍事白癡嗎？

如今，金門人終於也覺醒，發出「永久非軍事區」的呼聲，拒絕再繼續生存於戰爭的恐懼中，是極人性的渴望。美中台三方領導人都無權反對。在金門永久非軍事區的安排下，金廈大橋、金廈海底隧道等等，都應以金門人的利益為尊，台灣人民無權阻撓。這是在金馬人飽受四十年砲火蹂躪後應得的回饋。

但是，迄今台灣各主要政黨及總統參選人們對金門議員們的呼聲竟然都視若無睹。大選到了，三個總統擬參選人只會到金門空喊「和平」，唯選票是圖，仍舊繼續空喊口號，沒有寸步實踐之心。政客習慣性只是思考這次選舉如何騙得選票，更遠的國政就不在研究之中。

二〇二三年的八月二十三日到了，總統和幾名總統參選人又跑到金門，說要「紀念八二三」。我細讀他們的紀念性談話，特別是蔡英文總統一出口仍是「蔣介石反攻大陸史觀」的慰辭，我真的不知他們的所云。要紀念什麼？要替瞬間被萬顆砲彈炸死的將士報仇雪恥？要誓死反中共？要舊恨重提嗎？還有總統參選人提什麼「公投金廈大橋」。拿這種金門縣長和立委等級的政見來紀念八二三！

「八二三悲劇」已經六十五年了，難道這些總統及總統參選人都沒有智慧及歷史高度去想到，讓流血之地，開出和平之花：

「紀念八二三砲戰最大的意義和反省，就是不要再讓一顆砲彈落在金門！讓金門成為永久非軍事區！」

這是台灣方面片面就可以做到的。總統和立法院就可以做到的。

但是，他們卻寧可厚臉到金門用華麗的謊言調戲金門人！

金門、馬祖，不管是歷史淵源和地理環境都極端迥異於台灣、澎湖。金、馬會和台灣捆綁在一起，是一九四九年蔣介石從中國大陸敗退台灣時，偶然的古寧頭之戰所促成。接著蔣介石以「台灣的防衛前哨」、「反攻大陸的跳板」，愚弄台灣人民。事實是：

- 金馬防衛不了台灣。
- 台灣保護不了金馬。
- 金馬有事，只會讓台灣青年被迫到那裡當砲灰。

事隔七十餘年，「台灣問題」和「金馬問題」早該脫勾分別處理了。「台灣問題」的複雜性，早就不是中國總書記和台灣總統兩個人可以說了算的。

「台灣問題」在本質上已經和本地區的國際安全與和平，有了密不可分的糾葛；在國際經貿上，僅僅晶圓代工台灣已達全球百分之六十左右的佔有率，台灣已像「二十一世紀的石油大國」，這也不是國際社會可以輕率置之不理的。

「金馬問題」只是中國大陸邊陲的彈丸之地。滿足金馬人民「永久非軍事區」、「和平特區」的願望，只要中華民國立法院片面通過「金門馬祖和平特區條例」就能解決的。蔡英文總統不做不敢做，盼望二〇二四總統參選人認清問題的本質，不要只是跑到金門高喊「和平」，又把「金馬問題」複雜化，使「金馬問題」繼續跟「台灣問題」牢牢捆綁在一起，成為無解之題。

「台灣問題」像微積分，「金馬問題」只是個位數的加減習題。總統參選人們到金門喊一萬句和平、和平、和平……，也不能替金馬人帶來真正的「永久非軍事區」，更不能替台海和平加添一絲保障。

金馬永久非軍事區的問題，是不必跟中國政府協商，在我國立法院就能獨力解決的事。

台灣政客們，包括總統及總統參選人們不肯給與「金馬永久非軍事區」的地位，是怕美國反對嗎？卻還一再到金馬空喊「和平！和平！」騙取選票，就是騙子，就是假愛國者而已。

雖然我知道，喊口號，說空話，開空頭支票就是成功政客的天分。

金馬是美國的誘餌？

當然，我也知道，在美、台某些「智囊」的精算中，也許還暗藏陰謀要把金馬當做一個餌。把金馬當做美國好戰份子的棋子，幻想引誘中國出手攫取，以便美國視狀況摧毀中國尚未成熟的大帝國霸業。

反正一旦金馬有事，第一波死亡的，就是台灣人和金馬人……。

但是今非昔比，這個餌的誘惑力已大大消失。我更深信習總書記早已洞悉：

「佔領了金馬，不等於奪取了台灣。」

所以，即使中國領導人一再被諷刺：七十年了，「力」連鼻糞大的金馬都拿不下，「智」也解決不了這個鼻糞大的問題，還奢喊什麼統一台灣？還大肆什麼軍演？

中國，也只能如此繼續文攻武嚇自我壯膽？

兩岸的臍帶？

同時，在中國或台灣境內某些幻想快速「統一」的人士眼中，也許還認為如果切斷金馬與台灣的關連，讓金馬成為和平特區，台灣豈不完全獨立於中國境外？

其實，金馬數百年來本就屬於中國，和台、澎素無關連，更有完全不同的歷史淵源與經驗。

金馬絕對不是台灣與中國的臍帶。台灣今日的自主狀態，與擁有金馬與否完全無關。金馬絕對牽制不了台灣，也防衛不了台灣。如果沒有美國介入，台灣更保護不了金馬。沒有「金馬亡，台灣就不存」的妄理。

台灣今天擁有的自由化、民主化、人權化也和金馬完全無關。是台灣人犧牲奮鬥自己爭取得來的。

如果不讓金馬早日成為非軍事區、和平特區，讓它與中國和台灣同時保持特殊的友好關係，那只是在留下戰爭的禍根，又不利於金馬人民的福祉。

國家的承認與政府的承認

中國共產黨和中國國民黨的「國共內戰」，早在七十三年前勝負就已分，結局也已定。依據國際法與國際慣例，兩岸早已是兩個分治的獨立的完整國際法人，不管是使用台灣或中華民國之名。有沒有簽訂和約，也不能改變中華人民共和國和中華民國各自在其實質有效管轄的領土上，行使其完整的主權行為及履行其國際義務的國際地位。

對國家或政府的承認，國際法早有極清楚的分界。有多少邦交國，完全無涉一個國家的生存權和存在。邦交，只是方便雙方政府之間官式的政經、文化等等交流。所以，「政府」之間的邦交，可以依政治利益而斷交或恢復邦交，或再斷交或再復交。

但是對「國家」的承認，則一旦承認就永遠不能撤銷。像今（二〇二三）年中，美國政府經國會授權軍援台灣五億美元的武器，在國際法上就是很典型的正式的國對國的關係之行為。又如中華民國或台灣在全球一百多個國家設立「辦事處」，執行簽證等主權行為相關的事項，在國際法上都視同對國家的承認，雖然雙方都沒有政府與政府間的邦交。對這種「國家承認」的方式，中國的抗議行動，連「阻卻時效」的意圖都發揮不了法律效用。

對國家或對政府的承認，國際慣例早有極清晰的分際，不能混為一談。會斷交的只是政府對政府的關係，與「國家」存續無關。淺白地說，美台關係早就作國對國的承認，只是基於政治利益的權衡，美國還不願對台灣作政府對政府的正式承認。其他國家對台灣的關係，也都是如此。這點，我早在另一本著作《常識》，已有詳細的國際法析論。這裡就不再贅述。

戰爭開啟必須宣戰，戰爭結束必須簽署和平條約，也已經是二次大戰以前過時的國際慣例概念。

現代國際社會多的是不宣而戰，結束戰爭也未必要簽署和約，常常是停火，撤軍就了事了，連賠償或追究國際責任的行為都未必存在。我們必須認知，國際社會和國際法不像國內法那麼嚴謹又具懲罰力，叢林法則在其間仍有很大的空間。這一點是我們在思考國際關係和做判斷時，必須列入的評估要素。

倘若兩岸不幸再度重啟戰火，自然又是另一場國際戰爭。不可能以兩岸迄未簽署和約，而幻想以「中國內戰的延續」為藉口，更不能以各自的憲法規範，企圖規避國際關切和國際介入。

如果一國憲法可以把另一國的領土劃入本國之中，就自認擁有對方領土，國際社會豈不大亂？這是無知政客的語術。這是稍具國際法知識的人都知道的。所以，兩岸人民及政府只能在尊重雙方有效管轄的現狀下，以和平方式追求兩岸未來的共存榮景及增進本地區的安全及福祉。

創設「金門廈門非軍事區」

兩岸七十三年的發展過程已經強力證實，任何一方幻想片面改變台灣海峽現狀的文攻武嚇，包括當年的「血洗台灣解放台灣」，以及「反攻大陸消滅共匪」都只是掌權者的「逐夢劇」。中國七十三年來持續的文攻武嚇，在台灣人聽起來已經像晚安曲。

除非發生美中大戰或第三次世界大戰，台灣海峽的現狀是難于改變的。但是美中大戰，兵凶戰危，這是何等恐怖又愚蠢的歷史悲劇，絕對不是那一方的豐功偉業。

台灣，是中國的「修昔底德誘惑」（Thucydides Temptation）。為豪取台灣，中國領導人會抗拒不了這個誘惑，而墮入此陷阱嗎？像當年的東條英機等軍閥偷襲珍珠港，導致大日本帝國最終的慘敗……？

歷史的智慧，就是不重蹈覆轍。「給予金馬人民和平特區的地位」，是當代人對歷史真正的獻祭，最明智的抉擇。

這，才是豎立歷史的豐碑！

我已垂垂老矣，掬取丹心，謹以一束橄欖枝，懇請中國共襄盛舉，為和平做出偉大的貢獻，特別是祈盼習近平總書記洋溢大國領袖的氣度，為天下蒼生，向世人宣示——

讓「金馬永久非軍事區」擴大為「廈門金門及平潭馬祖永久非軍事區、和平特區」，成為兩岸心對心交流的「新櫥窗」。

如上帝創造天地一樣：「事就成了！」兩岸終於有一處共歡笑之地。

這才是我衷心祈求的，不只是金馬和平特區，而是兩岸和平特區。

中國國務院最近發表的「關於支持福建探索海峽兩岸發展新路，建設兩岸發展示範區的意見」，就是由於缺少了「和平元素」，沒有推動「金門廈門和平特區」，而變得只是一篇統戰文宣！

拔掉引信，割斷誘餌，讓過去七十餘年曾經飽受戰亂的這些小小島嶼，長迎春暖花開，永浴安祥。

為兩岸和平踩出新的有意義的一步，這比對台灣「讓利」更耀眼，更能讓台灣人民對中國有異樣的觀感。讓世人窺視到：中國領導人們並非無理的好戰之徒。

這是習總書記對人類和平的大貢獻，又不影響「台灣問題」留待未來和平解決的既存態勢。

沒有一邊大談民族情感，一邊磨刀霍霍的。

▲1962 年，施明德在小金門擔任砲兵觀測官，與觀測士們合攝於觀測所前。（右一）

▲1962 年 5 月，砲兵少尉軍官施明德被捕前攝於小金門。（右一）

目次

第六章　「金馬撤軍」記者會——155

第一章

一個台灣人致各政黨領袖的公開信

——建構「金門、馬祖和平特區」及「警軍」

我出生在人類歷史上最慘酷的第二次世界大戰中，在反抗蔣家獨裁統治下奮鬥不懈，與台灣人民一起建構了自由、民主、人權、法治的台灣，讓中華民國以民主國家的形象存活迄今。

世界上沒有一個國家的生存與發展是輕而易舉的。每個國家都有歷史殘留的難題或新引發的爭議，必須面對及解決。

撇開台灣內部事務不談，七十幾年來我們一直承受中華人民共和國政府及其人民的文攻武嚇。這種叫囂不僅影響兩岸人民友誼的培養，更牽動美中台日及世界經貿的布局。中國政府能打、敢打，早就以武力解決了，用不著一手拿棍棒威脅，另一手送胡蘿蔔。尤其最近數月來，中國的武統叫囂已驚動全球，讓台灣被視為「世界最危險的地方」，贏得世人的關切，成為繼烏克蘭之後最可能發生戰爭的國家。

台灣是「世界自由島」

台灣，四百年來一直是世界海上強權或本地區強國的殖民地。

歷經七十年的奮鬥與蛻變，台灣終於能以一個獨立個體存活於世，並變身為「世界自由島」。台灣的存在維繫著台灣海峽的自由航行，及本地區的國際和平、經貿自由化。如果這個「世界自由島」為中國所併吞，台灣將變成中國扼鎖台灣海峽，爪伸太平洋的海空基地，本地區的和平、安定及經貿自由原則都將遭到嚴重的破壞。

一個自由的台灣，不只是台灣人民所珍愛，也是美國及世界相關國家所必須共同捍衛的。台灣人民必須知道，在防衛台灣的安全上，我們並不孤單。

現在，台灣已經沒有狂人要反攻大陸，企圖引發台灣海峽戰爭的是中國。面對這種野心的強鄰，我們乞和也無用。除非台灣人民情願投降，破壞世界和平現狀，放棄中華民國的獨立，以及台灣的主權地位。

但是古有名訓：兵凶戰危。中國可有百分之百的勝算？

中國已是世界強權之一，並躍升世界第二大經濟體（但是台灣人的國民所得還是比中國人多二・五倍）。這種成就，值得中國人民驕傲。這種數百年來難得的成果，與它是否擁有台灣主權無關。何況，台灣絕對不是「中國自古以來就不可分割的領土」？這是野心家、擴張主義者的狂言。自古以來，所有擴張主義者都會捏造這類說詞，不值識者一駁。

人類歷史從來沒有一個不倒的強權。示弱，是強者的美德；驕狂，必將自取敗亡。史跡斑斑。

中國，你強了，何不引領兩岸人民在平等、互尊的兄弟關係上，建立和平共存的友好關係？開創兩岸千秋溫馨世代？中國歷史上，曾在盛世年代與周邊小國多次建構彼此的特殊關係，共存共榮於世。

如今中國何必一直以強欺小，心存併吞野心，要把台灣踩在腳下？

我還年輕的七十年代，因為反抗獨裁統治身陷漫長苦牢中，我日夜博覽群書，觀察世局。當時的中國還不算是什麼角色，世界正在美、蘇兩大集團的對峙中。美國總統國家安全顧問季辛吉提出「多角（腳）平衡架構，取代兩極恐怖對抗」的新外交策略，改變了梅特涅以來的世界外交結構。他簡單地說，三隻腳或多隻腳的桌子，比兩隻腳的桌子穩。他偷偷飛到北京，終於把中國拉離蘇聯集團，讓中國成為世界角色之一。

當時，尼克森總統說了一句強者極智慧的話：

「我不夸夸奢談追求世界永久和平。我只想追求一代和平。」這個務實的信念，從此讓世界脫離第三次世界大戰的威脅，迄今已達半個多世紀。世界只有個別的局部衝突與戰爭，沒有引發新的世界大戰。

這種務實，願中國領導人深思。自認是大國，就該有大國領袖的氣宇。真正的強者不是放縱自己的私慾，而是能夠自我節制。如此才能引領人類文明向上提升，免除庶民在戰火蹂躪中哀號。

現在我要回到主題，對台灣的各黨領袖及台灣人民說：不管你是否喜歡，你我都已被上天安排生於台灣，活於台灣，也繼承了台灣四百年來一再被外來統治的「殖民地命運」，我們都是如假包換的台灣人。如今，我們終於能以「民主國家」獨立存活於世界。自由、民主、人權、法治得來不易，我們必須全力捍衛。

如何捍衛，也許有不同的主張和作法。然而，我們是小島小國，畢竟有我們的局限性。在中華人民共和國承諾中華民國的生存權，尊重台灣的發展權之前，我們的求生底線就是「親美，不挑釁中國」。

台灣的親美路線，不是始自黨外，不是始自美麗島時代，更不是始自民進黨，而是始自兩蔣時代！七十年來就是靠這條親美路線，才保住了台灣的安全，免於被中國併吞。

失去美國的友誼，換來的絕對是台灣人民「新的奴隸證書」。

近年來，台灣方面雖然常有人高唱「友中、和中、兩岸一家親」，但是在中國一再武嚇下，它們全都變成單戀曲。

其實，武嚇就是迷幻藥，想不戰而屈我之兵。何況，武嚇永遠就是武嚇而已。中國持續武嚇「統一台灣」已經七十年，早已創下「金氏記錄」。

我們雖然無法勸阻中國操作七十餘年仍未機械疲乏的武嚇，但是我們還是可以冷靜地做些我們該做、能做的事，來捍衛我們的國家主權。

一如一九八〇年我在美麗島軍法大審中面對死刑，對獨裁者的死諫：「黨禁、報禁、戒嚴令、萬年國會應該廢除；台灣應該獨立而且已獨立三十年，她現在的名字叫中華民國」。它們早都已一一實現，成為今天台灣的基石。

今天在我行將就木之前，我要建議當今的掌權者們，兩件您們為保衛國家安全能夠立即做到的事。

一、金門馬祖和平特區

金門、馬祖是我國曝露在敵方攻擊下最弱的兩處，也是最容易擦槍走火的地方。

它曾經在一九五八年的「八二三砲戰」中，飽嘗彈盡糧絕的苦況，最後是美國外交介入，並由美國海空軍護航台灣海軍艦艇補充糧食、彈藥和八英吋自走砲，才使金門守軍免於投降。

金門、馬祖不在美國「台灣關係法」承諾的範圍之內。中國如果企圖對台灣進行一場「諾曼第登陸戰」，談何容易？美國總統拜登已四度公開承諾：如果中國攻打台灣，「美國一定出兵保台」。這幾乎已是美國民主共和兩黨的共同政策，也是「台灣關係法」的主旨所在。而已經五十年未曾交戰過的中國解放軍，到底是精兵還是草莓兵，一戰便知分曉。啟動對台灣的登陸作戰或轟炸台灣，那是中共政權的存亡時刻；反而是台灣的新契機：熱血的台灣人民將被迫起而應戰，被迫正名，被迫制定新憲，被迫走向法理獨立。那時，世界多數的同情與支持將站在台灣這邊……。台灣人民必須耐心等待，不要躁動。

至於封鎖台灣，如果做得到，敢做，中國早就做了。不必其同路人，一再拿來戲弄台灣人民。

金門、馬祖地處敵方傳統火炮控制之下，戰爭一起完全動彈不得。台灣救不了金馬，金馬保護不了台灣。

武裝金馬無異是把誘發衝突的引信埋在敵人的腳下，又置金馬人民於何地？中國無人機挑逗金門領空，我方是打下或不打？我方打了，是台灣發出第一擊。第一擊的後續，會給中國什麼藉口？誰能預料或負責？不要相信政客或軍頭的大話：「我負責」！你即使是總統，也負責不起蒼生的悲鳴！

權力不是拿來揮霍炫耀的，請戒慎恐懼。

台灣的政治領袖們：是時候了，我們必須從金門、馬祖徹徹底底全面撤軍。讓金門馬祖成為非軍事區、和平區，拔掉兩岸最容易點燃戰火的引信，對中國全面避戰！

避戰，不挑釁，是台灣人民對世界和平的義務。

這不是軟弱，是智慧之舉。

這是邁向海峽兩岸永久和平的一小步。

拆除引信，可以防阻大爆炸，維持和平。

金馬和平特區的設立，是台灣向中國及國際社會遞出七十年來最具象、最誠摯的橄欖枝！

對金門、馬祖住民而言，現在也是台灣政府應該全面償還多年前積欠他們的老債的時候了。不要再讓他們生活於兩岸可能再度衝突的恐懼威脅中，深怕又淪為當年的犧牲品。是該讓金馬人成為兩岸的和平使者，非戰的燈塔了。讓金馬人在維護世界和平上，亦能扮演一個驕傲的新角色。

蔣介石時代把金門、馬祖塑造成「台灣的防衛前哨」、「反攻大陸的跳板」，欺騙台灣人民忍受其獨裁恐怖統治。金馬人民更因此在戰火中遭受摧殘，在戰地政務下淪為人權備受爭議的次等國民長達三、四十年。我年輕時曾駐守小金門，深深同情他們的苦況，一生念念難忘。我才會在擔任民主進步黨主席時提出「金馬非軍事區」的主張，而以「金馬撤軍」備受當時兩大黨自私的大政客們為騙取選票大肆攻擊！

事隔近三十年了，金、馬都已悄悄撤軍。金門從當年的十萬大軍如今撤到只剩三千；馬祖從五萬守軍如今只留下兩千兵力。這種兵力如何防守外敵？只會勾引敵人的侵犯慾念而已。台灣掌權者，不要再愚蠢地自欺欺人，誤國誤民了。

而對金、馬人民而言，他們的願望及基本權利仍處處夾在兩岸「大局」中，無法依金、馬人民的自由意志處理自己的問題。小三通、金廈海底隧道、飲水、電力、物流、人流、國際觀光、國際賭場……，金馬人民依舊無權決定自己的命運，謀取自己的利益。

台灣人民常常高唱：台灣的命運由台灣人民決定！

金馬身處的環境、條件及先天限制，都迥異於台灣。我們的所欲，未必是他們的嚮往。我們台灣人為什麼不能設身處地替他們想想，還給他們自由決定自己命運的基本權利。

金馬非軍事區的走向，既可保障金馬人民的基本權利，又可卸下兩岸擦搶走火的引信，更可能建構兩岸的和平願景。

這是台灣各黨政治領袖對世界和平可以做到的一項大貢獻，又不必乞求中國同意。何況，中國曾經對金馬發射過五十萬顆以上的砲彈，造成多少傷亡破壞，中國能沒有一點內疚跟補償之心嗎？

二、建立全民皆兵的「警軍」

建立戰時的民兵自衛武力：陸海空軍之外的第四軍，「警軍」。

戰時，國軍當然站在第一線。萬一有敵人空降、竄入，則由警察機構領導的自願民兵協助國軍，參與抵抗、殲敵，達到全民皆兵的目標。

這一點，我也注意到台灣的愛國人士曹興誠等等已在努力追求中。對這項努力，我只想提醒一事：任何武裝力量都不應該由民間人士主導掌控，除非是革命軍。

台灣一向有警民友好關係的條件存在。從派出所、分局到警察總局，警官對當地地形、地物、人與事的了解遠遠勝過國軍和敵軍。這，就是警察的優勢。戰時由他們領導民兵清掃入侵的敵人及第五縱隊，最能發揮殲敵的效用。

如今中國加強文攻武嚇，氣氛已成熟，國家可以把民間有決心捍衛台灣安全的志願者，在平時就整合、訓練在「警軍」的新軍種中。這個新系統不是只整訓幾百幾千人，而是上百萬民兵。

這是一個全民皆兵比較妥切的方向。台灣人必須先自救，然後才求助。

台灣是習近平的珍珠港？

「中共二十大」，習近平斷然重整權力結構，全面排除中國共產黨三十年來的舊勢力。不斷鬥爭是共產黨的黨性。習近平的「七人幫」是江青「四人幫」的進階版？能讓中國政局從此定於一尊，風平浪靜嗎？

我知道很多人看到中共二十大「那一幕」（胡錦濤被請出場），會驚懼習近平的雄心與霸氣，將隨之對台莽動，宛如屠夫。

我卻寧願相信習近平的理性、精明與智慧，會審古度今。不要把習近平妖魔化。

我深信他不會對台輕舉妄動，企圖以外伐舒解內張，讓自己同時陷入內外險境中，稍有閃失，引火自焚，毀己毀黨。習近平更深知台灣有個七十年利害與共、不離不棄的堅實夥伴美國，即使八二三砲戰也沒有背棄台灣；即使與中國建交，台美也必須建構一個國際法認可的特殊機制……。挑撥、分化台美關係是中國及其同路人的殺手鐧，但早被多數台灣人民所識破。

我相信習總書記的智慧，一定早已查覺到台灣可能是美國預設的陷阱，猶如當年的珍珠港。已經解密的史料，幾乎可以確認美國當年寧可讓日本偷襲珍珠港，激發公憤，然後再殲敵於國境之外。美國建國兩百多年，一直擅於決戰、參戰於國境之外，保存己國實力。這種大戰略是以美國超強的海空武力做後盾的。

習主席會想扮演二次大戰日本軍閥的角色嗎？習主席會掉落此陷

阱偷襲台灣嗎？我相信不會。

台灣是中國共產黨的死亡陷阱，不是「中華民族偉大復興」的閱兵台。

我深信未來很多年，台海仍將無戰事。但是，我們的國家領導人還是要謹記：

「無恃敵之不來，恃吾有以待之」。

和平解決台海問題是唯一的路

兩岸問題終必以談判、和平解決。這是促進兩岸人民幸福的唯一抉擇，更是世人所期盼。

習近平「中華民族偉大復興」的真諦，不應是擴張版圖，血流成河。放棄對台灣的領土野心，才可能換得對台灣的影響力。就像美國對台灣的態度。

談判必須在對等、平等，不預設條件和威脅下進行。這個機會終有到來的一天，台灣人不必焦急，更不必驚恐。時間站在台灣這一邊，「戲棚腳站久人的」。

在這個機會未出現之前，台灣必須先行處理台灣自己能夠解決的問題，尤其是避戰和增強自我防衛能力。

金馬非軍事區化，是避戰也是我國向中國遞出的橄欖枝。警軍是讓台灣成為一隻刺蝟，讓世界知道台灣人民願意為自由而戰，讓中國清楚渡海攻擊難，吞下刺蝟亦不易。

畏戰，是心降。乞和，是與虎謀皮。自古以來，這兩者都不是捍衛生存權和自由的典範，而是奴隸的基因。

我知道你們長年都忙於選舉，為此，我們經過多時的研究已草擬「金門、馬祖和平特區條例」及「警軍條例」，未必周延擬請立法院討論斧正。

懇請各政黨領袖及立委諸公，選舉已結束了，請撥冗為天下蒼生著想。

特別是已經掌控立法院多數的民主進步黨及黨團，這不是你們的競選口號「抗中保台」，而是最實際有效的保台方案。

蔡總統，這段日子國際社會紛紛對台灣的安危表達關切，總統您迄今未作有意義的回應。這樣會讓國際友人及國人誤會您只在意選舉與權力，不關心國家安全及國際輿論。蔡總統，這兩個法案是您回應國際關切的具體作為。

蔡總統，您的任期已近尾聲，請替台灣的長治久安與本地區的和平做出歷史性貢獻。這是您的權力絕對做得到，也是歷史給您的最後機會，稍縱即逝。

不要徒留春夢在府中，歷史在看著您！

特此報告如上

附呈兩「條例」初稿，恭請公議。

頌

諸公政躬康泰

施明德書於汐止

二〇二二・十一・一

第二章

金門、馬祖和平經貿特區條例

《金門馬祖和平經貿特區條例》及《警軍特別條例》是由我把主旨、內涵告知前立委林忠正教授，由其執筆草擬。然後，邀請姚立明教授、胡鎮埔將軍、林前院長及林忠正教授與本人在疫情嚴重時，數次以視訊方式逐條審查討論所達成。

特此向林忠正、姚立明、林前院長、胡鎮埔諸先生致謝。

金門、馬祖和平經貿特區條例

法案總說明

「金門馬祖和平經貿特區條例」的立法目的是卸除兩岸軍事衝突的引信，讓金門、馬祖成為非軍事區，住民可以自主的和平經貿特區。

台灣歷經數十年威權統治，如今終於能以「民主國家」獨立存活於世界。自由、民主、人權得來不易，我們必須全力捍衛。

七十幾年來我們一直承受中國政府及其人民的「統一」叫囂。這種叫囂不僅影響兩岸人民純真友誼的培養，更牽動美中台日及世界經貿和平的布局。

台灣絕對不是「中國自古以來就不可分割的領土」，這是野心家、擴張主義者的狂言。但中國的武統叫囂已驚動全球，讓台灣淪為「世界最危險的地方」，是繼烏克蘭之後最可能發生戰爭的國家。

但是否啟動入侵台灣，完全操在中國之手。我們乞和也無用。而金馬非軍事區的決定，既不必乞求中國同意，也可卸下兩岸擦搶走火的引信。

事實上，十多年來，台灣已從金馬悄悄撤軍。金門從當年的十數萬大軍撤到只剩三千；馬祖從五萬守軍如今只留下兩千多的兵力。這種兵力根本無法抵禦外敵。

金馬已是我國曝露在敵方攻擊下最弱的一處。若戰爭一起，當地軍民將在敵方傳統火炮控制下完全動彈不得。金馬非但保護不了台灣，反而是誘使兩岸引發戰火之處。

威權時代，台灣政府把金門馬祖塑造成「台灣的防衛前哨」、「反攻大陸的跳板」，欺騙台灣人民忍受其獨裁恐怖統治。金馬人民因此屢受戰火摧殘，並在戰地政務下淪為人權備受蹂躪的次等人長達三、四十年。

兩岸開始交流後，金馬仍處處夾在兩岸「大局」中，無法依金馬人民的意志處理自己的問題，小三通、金廈大橋、飲水、電力、物流、人流等等，金馬人民依舊不能自己決定自己的命運！

金馬身處的環境、條件及先天限制，都迥異於台灣。台灣人民在高倡台灣的命運由台灣人民決定的同時，我們更應設身處地替金馬想想，還給他們自由決定自己命運的基本權利！

「金門、馬祖特區條例」的主旨就是：不要再讓金門、馬祖人民生活於兩岸可能再衝突的恐懼威脅中或淪為兩岸軍事衝突的犧牲品，並還權於金馬住民，舉凡住民自決或經貿自由，都由當地住民當家作主。

金門、馬祖和平經貿特區條例

第一條　為轉化金門、馬祖兩地各別成為非軍事之和平經貿特區（DMZ），緩和台海兩岸之衝突，確保金馬地區之和平繁榮，落實居民高度自治之目的，特制定本條例。

第二條　金、馬各特區之前途，分別由金、馬居民自決。

第三條　國防部應於金、馬特區各自成立後，於一定期限內撤出軍事人員及戰鬥設施。金、馬各特區的海域安全仍由海巡署負責。

第四條　金、馬各特區享有自主之行政權與立法權。金、馬各特區之民政及治安、經濟及貿易、勞動及就業、交通及建設、教育及文化、環保及衛生、社會保險及服務、財政及稅費、入出特區及移民、對外關係等得自行立法，不受中華民國法律限制。

第五條　本條例自施行日起，金門縣政府改稱金門特區政府，掌管行政事務；縣長改稱特區首長，由特區居民直接選舉；縣議會改稱金門特區議會，為金門特區之民選立法機關，監督特區政府並掌管立法及政府歲入及歲出之預、決算。馬祖之連江縣政府改稱馬祖特區政府，掌管特區之行政事務，縣長改稱特區首長，由特區居民直接選舉；縣議會改稱馬祖特區議會，為馬祖特區之民選立法機關，監督馬祖特區政府並掌管立法及政府歲入及歲出之預、決算。

第六條　金、馬各特區政府應自訂特區政府組織法及所屬機關組織規程，經各該特區議會通過後施行之。

各特區內之鄉（鎮、市）公所應訂組織法及所屬機關組織規程，經各該鄉（鎮、市）民代表會通過，報特區政府備查後施行之。

第七條　金、馬各特區之議會未立法修正其公職人員選舉及罷免之相關法律前，仍然適用「公職人員選舉罷免法」之相關規定。

第八條　本條例施行後，金、馬各特區民選之原地方各級首長及民意代表之任期未滿者，仍可繼續任滿其原有之任期。

第九條　金、馬地區分別改制為和平特區前之原有法律、警察組織及司法制度，除特區議會另有立法修正外，仍然有效。

第十條　金、馬各特區為積極推動貿易自由化及國際化，便捷人員、貨物、金融及技術之流通，提升特區競爭力並促進經濟發展，各經其議會通過，得成為自由經貿區，且特區內流通之貨幣並不限於使用新台幣。

第十一條　金、馬特區成為自由經貿區後，除金、馬特區自行生產之貨品或服務外，輸至台灣之外國商品或是服務應依關稅法、貿易法及相關法規管理，並依規定課徵關稅及進口相關稅費。

本法所稱之台灣，係指金、馬地區以外之台灣本島及澎湖等附屬島嶼。

第十二條　所謂外國貨品或服務包括中國大陸所生產之貨品或服務。

第十三條　金、馬特區議會得制訂特區入出境及移民法，管理入出特區及移民之相關事務。

必要時，金、馬特區得經立法後，發行特區護照或旅行證件。

第十四條　金、馬各特區合法之居民得向其特區政府請領特區之居民證。

第十五條　除本條例施行前，已具資格請領國民身分證者、或已取得中華民國居留證者之配偶外，金、馬各特區成立後新移入之居民，不得請領國民身分證或護照。

但本條例施行後，持有國民身分證者於金、馬特區所生之親生子女，得申請國民身分證或護照，經審核合格後頒予。

第十六條　金、馬各特區居民於本條例實施前，已領有國民身分證或中華民國居留證者，本人及眷屬有權繼續參加台灣施行之勞工保險、農民保險、漁民保險、公教人員保險、全民健康保險、國民年金保險等社會保險，並成為被保險人，盡其法定之義務。

前項所述人員之雇主或所屬團體或所屬機構為投保單位，應遵守相關社會保險之規定，違反者依法裁處或執行。

除第一項所述各類社會保險之被保險人外，金、馬特區得自辦其他居民之醫療保險、普通事故及職業災害之保險、退休年金保險等社會保險制度。

第十七條　金、馬各特區居民持國民身分證者得自由入出台灣，並得遷移至台灣居住，依規定設立台灣之戶籍。

第十八條　無國民身分證之金、馬特區居民入出台灣，應依入出境及移民法之規定，申請相關主管機關之許可。

第十九條　出生於金、馬特區之居民之兵役應依「替代役實施條例」，由各特區政府統籌辦理，不受兵役法之限制。

第二十條　金、馬特區之各種稅費收入全數歸各特區政府支配。各特區政府之歲入不敷歲出時由中央政府視其人口、物價、歲入、及經濟之狀況適度補助。

第二十一條　中央政府應於金、馬各特區分別設置行政院各部會聯合辦公室，處理相關事宜。

第二十二條　本條例施行細則，由行政院定之。

第二十三條　本法施行日期，由行政院定之。

第三章

警軍特別條例

壹、立法總說明

為補我國關於「全民防衛」現行法制之缺口，以實現全境刺蝟型的全民國防，我國有必要立法建立城鄉在地的警軍。

茲從我國現有常規及後備軍力、警軍的特性與優勢以及我國現行法制之缺漏三方面說明立法之必要：

一、我國現有常規及後備兵力問題

少子化的趨勢不變，及齡青年人數不斷下降，兵源正在逐年下降，台灣將長期面臨兵源不足問題。由於義務兵役的期限縮短，正規軍人數也跟著大幅減少。

國防部在二〇二一年公布兵力數字，國軍總員額二一．五萬人扣除受訓聘僱等八千人，常備部隊編制一八．八萬人，以去年底達到的九成編現比計算。目前志願役兵力（職業軍人）大約只有十六萬九千兩百人。

台灣法律規定的後備軍人雖多，不過二〇二一年國防部曾表示，面臨戰爭時台灣第一波將在二十四小時內動員二一．五萬名後備軍人，另有第二波的戰爭耗損補充部隊，約七．八萬人待命中，加上二百萬義務役後備軍人，總人數雖然驚人，但是絕大多數義務役的後備軍人缺乏戰技和武器的更新訓練。台灣一般後備軍人的戰力是否能在極短時間內完成編組及整備，有效對抗大規模侵台的中國軍力，實在令人擔憂！

二、警軍的特色與優勢

台灣地小人稠，面對中國全方位攻擊時，保衛都市及城鎮的巷戰能力，應該是我方防禦思考的一個重要面向。

正規軍通常善長於會戰及陣地戰，不一定能比在地居民或警察人員更熟悉在地的詳細地形、建物特色以及人、事、物的細節。

尤其，正規軍的陣地面對敵軍的大規模攻擊下，是否還有多餘兵力，壓制或清理中共派在各地方上的間諜及其協力者的通敵行為及破壞活動？尤其是，正規軍使用的重型武器如果使用於都市及城鎮內的巷戰，效果必定會大打折扣。

二〇二一年九月底，經銓敘審定的現職警察人員共六萬九千七百五十四人，男性約占八七・四％、女性一二・六％。其中，六都共三萬六千七百一十六人最多，占五二．六四%；其餘各縣市一萬八千四百八十六人，占二六．五%；中央機關一萬四千五百五十二人，占比二〇．八六%。警察人數不少，若能組編和訓練，警察力量將可成立一支偏佈台灣各地，善於在地戰鬥的都市及城鎮保衛的戰鬥軍種。

警察熟悉地方上的地形、建物、以及人事，遠比正規部隊更善於反滲透及反空降的任務，也更符合保衛都市城鎮巷戰的在地戰鬥條件。

台灣警察組織遍佈台灣各地，從都會區到偏遠的山區及海邊都設有警察單位，不包括各縣市警察局及其分局，全台就有一千六百一十五個派出所／分駐所。戰時警察機關及組織可立即轉成警軍的戰鬥架構，平常警察機關也可擴建房舍，做為武器、裝備的倉儲，戰就成為武器及裝備的發放中心。

因此，台灣應組織全國警力，使其戰時結合在地居民，建立一支善於在地巷戰以保衛都市及城鎮為主的新軍種，名為警軍，以貫徹刺蝟型的全民國防政策。

警軍的各級幹部由警察人員擔任，平時接受特別軍事訓練，戰時立刻轉為警軍幹部。

全國民眾，不分男女老少，皆可於當地警察局或派出所自願登記參與警軍，戰時受警察人員指揮，防衛家園。

戰時的警軍除了執行轄區的治安，應以保衛鄉土之巷戰、執行各轄區的反滲透任務，以及負責排除通敵行為為主要任務。

三、現行法制之缺漏

依我國現行國防法第三條，明定「中華民國之國防，為全民國防」。

依現行「國防法」、「國防部組織法」、「全民防衛動員準備法」、「民防法」等法規，戰時我國國軍、後備軍人、中央級地方政府公務人員以及公民營事業人員，均有因應戰爭有關之動員，然一般民眾於戰時並無主動參與防禦鄉土之相關規定。

警軍特別條例提供熟悉鄉土的在地民眾人民參與國土防衛之神聖任務，並可結合熟悉地方地形地貌之當地警察人員，共同抵禦外侮。

貳、條文

第一條　為結合全臺灣警力和民力，透過警軍組織，於面臨戰爭或戰爭威脅時，得即時成立捍衛武力，迅速將全台灣刺蝟化、軍事化、武裝化，保鄉衛民的在地戰鬥力，捍衛臺灣，特訂定本條例。本條例未規定事項，適用其他法律之規定。

第二條　行政院為戰時組織動員警察人員及人民，實施全民國防，得於內政部警政署設警軍司令部，置司令一人，由警政署署長兼任之；副司令二人，由警政署副署長兼任之。

警軍司令部得依現行警政署組織法，配置全國各級警察人員納入警軍。

警軍之教育、訓練、演習及指揮辦法另訂之。

第三條　警軍之預算由內政部編列專款專用。

現任警察人員依其警階及業務，應定期至軍事院校或專設之訓練班受訓，受訓人員應領軍事加給。

為戰時提供全民防衛所需，警軍得規劃備戰需求，並於各地設置房舍倉儲各式軍品。

第四條　戰時警軍由總統直接指揮作戰，不受中央或地方機關依民防法動員之節制。

警軍於戰時設作戰指揮中心，置參謀長一人，副參謀長二人，參謀及顧問若干名，由總統直接任命，不限軍、警在職人員。

警軍作戰指揮中心掌理下列事項：

一、協助總統指揮警軍。

二、組織並指揮人民協助國軍抵禦入侵境內之敵軍。

三、全民國防軍備資源之分配。

四、協助反恐制變之規劃及執行。

五、執行各級轄區的反滲透任務。

六、執行清除通敵之行為。

七、戰爭之救護後援。

八、查緝戰爭犯罪。

九、民間通信、電子與資訊戰之規劃、整合及執行。

十、其他有關警軍指揮之規劃及執行事項。

第五條　警軍戰時依原有職務執行戰爭任務。警軍因執行戰爭任務傷亡，當事人或遺眷得比照軍人撫恤條例辦理，其辦法另定之。

第六條　為建立警民合作自主防衛能力，警軍應設「人民參與警軍登錄中心」。

人民不分男女，年齡十八歲以上，八十歲以下，皆可於各地警察機構登錄參與警軍。

人民登錄參與警軍之資料，由各地方警軍保管，非經當事人許可，不得為非戰鬥需要所用。

人民參與警軍講習、訓練及演習由警軍協同國防單位執行。其辦法另訂之。

人民平時參與警軍講習、訓練或演習，戰時參與戰鬥，其福利及待遇應比照後備軍人。人民因參與警軍受傷或死亡，應比照軍人撫卹。其辦法另訂之。

第七條

本法施行日期，由行政院以命令定之。

第四章

台灣的主權與戰爭

美中台關係

二〇二〇總統大選從登記日截止，勝負就確定了。走出家門，識或不識的人，包括傳統市場的攤販，他們問我的問題已不是誰會贏？最常被問到的三個問題竟然都是大問題：

一、台灣會不會變成香港？

二、中國會不會打台灣？

三、萬一中國打台灣，美國會不會背棄台灣？

這三個問題，我的答案都是「不會」！

香港和台灣不能類比

把香港拿來和台灣類比，就像拿公雞和母鴨誰比較優秀一樣。香港從民族血統、地理位置、國際法地位和現實政治處境都和台灣幾乎完全不同。

香港，不管根據中英聯合聲明或香港基本法，香港主權都歸屬中華人民共和國。這個法律事實狀態已在進行中，也為國際社會所認知。國際社會所關注的是，香港的自由、民主、人權的惡化，而非主權問題。

台灣，從中華人民共和國在一九四九年成立迄今，它從未管轄過台灣一天一分一秒。台灣，不管以什麼名號，中華民國、台灣或中華民國台灣之名獨立存在於世，它的主權從不歸中華人民共和國所擁有。這是事實，不爭的事實。中華人民共和國對台灣只擁有喋喋不休的話語權：「台灣是中國不可分割的一部分，台灣是中國的」。這種話語權，精神病院中的患者天天都擁有。

香港已經在中國的口中，要把它嚼碎吞下或含在口中再把玩一陣子，全由中國決定。當然，香港人的覺醒會有某種程度的影響他們的自由度。台灣呢？不只不在中國口中，七十年來對中華人民共和國而言純粹只是「近在眼前，遠在天邊」的意淫對象。

撇開港獨不談，香港的未來仍握在香港人手中。過去香港人一直都被視為經濟動物。中英談判時，只想要留下或移民，沒有盡最大努力爭取香港人的權利保障，任由中英雙方的領導人擺佈。一如二次大戰後那一代的台灣菁英，不像當年戰敗國的殖民地紛紛起而爭取獨立，反而夾道歡迎中國軍隊的軍事佔領，不久之後就爆發了二二八大屠殺一樣。

這一代香港年輕人不畏犧牲的膽識和智慧，值得欽佩。

半年來，我也一直相信習近平的智慧，不會對香港採取六四模式或西藏模式處理。對中國而言，香港像處於如來佛手中的孫悟空。如果愚蠢到採取六四模式，中國想販售的「一國兩制」就全部破產，中國也勢必面對全世界的某些制裁。香港人看到了這點，勇敢突破……。

萬一中國領導人真的失去理智對香港採取恐怖鎮壓，像當年對待西藏般，台灣依然是台灣！中國軍警可以走路過橋驅車佔領香港，但他們無法游泳征服台灣。

台灣人關心香港是基於普世的人權價值，不是因為「唇亡齒寒」的利害關係。台灣和香港沒有這種關係。香港人「反送中」台灣政治人物不應該把它視為「撿到槍」。這種心態是不道德的。所以，前些日子從媒體看到陳其邁拿香港來恫嚇台灣人，說：「今日香港，明日台灣」。我就對一位民進黨老友說：「告訴陳其邁，不要以為官大學問就大！不要胡說八道把我們惹火了⋯⋯。」不久，蔡英文說：「今日台灣，明日香港」就是正面表述，有鼓勵港人的意含，雖然也是「撿到槍」的心態。

中國不敢打台灣

從我才上小學，中華人民共和國就吼叫：「血洗台灣！解放台灣！」

吼了七十年，我都快老死了，仍然是不停地恫嚇而已。

兵凶戰危。中華人民共和國建國以來的領導人都清楚台灣問題的本質和香港、西藏、新疆都完全不同。不同在地理位置，歷史事實，更在國際地位，國際地緣政治，既不能打又不敢打，所以七十年來只能不停地文攻武嚇，不休止的威脅，維持她的聲量。被問久了，我只好回答提問人：

「恫嚇是強者的哀鳴」！

中國既不能打又不敢打，只能一再威脅恫嚇。七十年來都如此。其實還蠻可憐的！

如果中國不徹底覺悟，恫嚇無用，威脅只會令台灣人民更反感，再多的「惠台方案」台灣人民都知道那是黃鼠狼給雞拜年，連建立平等的兄弟情都難。這一點是國民黨領導人們和國民黨學者都不瞭解的，反而配合中國來恫嚇台灣人民，使自己離台灣民心越遠，可能將會失去大選。

國民黨人從七十年前的「反攻大陸，消滅共匪」到今天「處處媚共，以共嚇台」，國民黨領導們如果不覺醒，亡黨之日也近了。因為這是核心立場。

很多親中人士常常會說，今天中國強大了，台灣只是彈丸之地，打不過中國的。這話如果可行、可信，中國早已以武力征服台灣了。不是大國就可以任意欺凌小國的。一九七〇年代古巴危機中，美國一樣不敢併吞古巴。不談美國因素，不談台灣在第一島鏈的關鍵地位，只談戰略戰術，中國真的敢打這種渡海戰爭嗎？

檢視諾曼第登陸戰史就會知道一場渡海戰是多麼難！英吉利海峽只有二十三浬，只有台灣海峽的三分之一。聯軍用多少兵力，多少時間，又用多少心戰欺敵才能登陸成功。今天科技如此透明，美國情報，台商在中國「落落蛇」，台灣的情報單位都在睡覺？中國豈能成功打一場偷襲戰？

有人會說，用飛彈打幾顆台灣就亂了，投降了。這種想法、說法，太天真了。台灣人真的會這樣孬種嗎？要知道，戰爭最後一定要登陸佔領，打幾顆飛彈，幾十顆，幾百顆，台灣死傷的慘況不會登上世界媒體？世人會放任中國如此血淋淋地霸凌台灣？何況，攻擊方要佔領成功，兵力要十倍左右。台灣兵力少說也有十萬，中國用什麼載具把百萬兵力送到台灣？當然只有靠軍艦和飛機，不可能游泳過來。中國必須先把百萬大軍集結到海港和機場，這樣大規模集結，全世界會不關注到嗎？他們如何偷襲？

何況，必要時台灣又不是沒有求活的殺手鐧反擊？什麼殺手鐧，現在暫且不談。

中國想打台灣，不像打大陳島、一江山島，或打金門、馬祖！所以二十幾年前我擔任民進黨主席時才會提出「金、馬非軍事區化」，全面撤軍只留保警，讓金馬成為兩岸的和平緩衝地帶。

總歸一句話：中國能打，敢打，早就打了，怎麼會拖了七十年還只能不停地恫嚇？

打戰固然能移轉掌權者內部矛盾，但稍有閃失也會引火自焚。北京領導人不會愚蠢到隨好戰者起舞而禍致亡黨亡國！中國打台灣的時候，戰況稍有閃失，新疆、西藏會如何……？還有對中國共產黨一黨專政七十年有異議的中國人士又會如何？

美中一旦發生軍事衝突，美國輕易可以攻擊中國沿海精華地區，中國連突破美日的飛彈防線攻擊夏威夷都很難，更不用談攻擊美國本土。

在這裡，我想插一段常識性的話題：沒有打過戰的軍隊是不可靠的。買再多的飛機、飛彈、戰艦、航空母艦、核武器……，沒有實戰經驗，一旦戰事發生會出什麼狀況，是很難預料的。七十年來，全世界只有美國有如此豐富的實戰經驗……。

變數太多太大，中國領導人誰敢輕舉妄動？

當然，台灣人也需要有捍衛自己的自由的決心和勇氣；人民也必須對國軍心存感念之情，不受尊重的軍隊怎麼會心甘情願地為國為民犧牲？台灣人民應該看看以色列人是如何立足於群敵之中！特別是自稱「勇敢的台獨份子」的年輕人，不要只會天天喊口號，而不肯不敢去從軍衛國，那是可恥的心態，色厲內荏。自己的國家一定要自己保衛，這是明顯不變的道理。如果連這麼簡單的道理都不懂，都不身體力行，還奢談什麼獨立建國的大理想？

血，永遠是國魂的原色。但願年輕世代的台灣人，要有志氣奮力承擔起保家衛國的責任，不要讓人看不起。我十幾歲就領悟了這種真理，就去唸軍官學校，走了這樣的一生……。

中國犯台時，美國會不會背棄台灣？

在談這個主題之前，我希望大家先自問一下：中華民國或台灣七十年來能夠獨立於世，沒有被中華人民共和國吞沒佔領，是靠我們自己的能耐還是靠美國？

然而中國在台灣的同路人，包括親中個體戶或各類學者專家常常會拿這個主題當煙火，幫助中國恫嚇台灣人民。這類人士的理由不外兩點：

一、中國國力今非昔比，大得不得了了！

二、美國不會為台灣犧牲自己的子弟，絕對不敢跟中國真正打戰！

關於第一點，不要被「兩大經濟體」的表相數字欺騙了。一九六八年，戰敗國日本也曾擠身「世界第二大經濟體」。那才是日本在二次大戰慘敗後的十三年。

二次大戰後，世界上真正稱得上兩大國際勢力對峙的是：「美蘇兩強」。當時，雙方背後又各有國際集團——美國有北大西洋公約組織，蘇聯有華沙公約集團包括中國。那時拔一髮就可能動全身，引發第三次世界大戰。七〇年代，美國總統尼克森的特別助理季辛吉打破梅特涅以來雙邊恐怖平衡的國際對抗策略，主張多角平衡把中國從蘇聯集團拉出來以後，全人類已看不到第三次世界大戰的可能，有的都只是零星的局部戰爭。

中國的實力再怎麼今非昔比，還遠不如當年美蘇對抗時的蘇聯！

關於第二點，不是美國不敢跟中國打，是中國不敢跟美國打。

美蘇兩大國的競爭或對抗中，雙方的較勁不只是陸海空軍力、核武、太空……各方面的對比，連奧林匹克的獎牌都是競爭的範圍。但是，全人類沒有一個貧而強的大帝國能持久，只有富而強才是真正的大帝國！在一九八〇年代末，美國的人均已是兩萬多美元，蘇聯才九千多美元。所以，一九八九年柏林圍牆一倒，蘇聯就解體了！

美中之間不必一一列舉全方面的對比，只拿人均對照就知道美中差距有多大。現在美國人均是六萬多美元，中國人均才只有九千七百多美元，中國連自定的「脫貧計劃」都還沒有實現。今日美中實力和當年的美蘇實力差距更大！在我執筆時，美國總統宣布成立一個新軍種「太空部隊」，進一步拉大美國和列強的距離。

美中一旦正面衝突，後果如何已不必細論。大帝國必是百年基業。今日中國頂多還在大帝國的少年初期，這點中國領導人比成天鬼叫的網軍和學者、將軍們知道得更清楚……。

先不談美中台之間有三個公報及「台灣關係法」，川普時代國會又通過了幾個友台法案規範彼此關係，三者之間最重要的支柱是「以和平方式解決台灣問題」。「台灣關係法」在國際法上是所謂「單邊條約」，美國對第三國片面課付自己的法律責任。只要台灣方面不片面採取過度的改變現狀的情形出現，中國對台灣動武，美國就有介入的義務。這就是歷屆台灣政府或總統不管為了競選口頭上說什麼，但從未採取片面反應的原因。哪一方都不敢採取單獨行動破壞四十年來的和平局面。

口頭恫嚇可以，軍事行動寸步難行。

五千年來中國從未在海戰中勝出

談完這種美中台的基本架構後，我們再簡單談國際的叢林法則。

首先，中國五千年來都是大陸軍國家。即使蒙古帝國曾經征服金朝與南宋，遠征到東歐，並佔領莫斯科兩百四十年。歷史上中國從未在海戰上打過一次勝仗！不要告訴我「鄭和下西洋」的故事，那只是遠洋敦睦航行，不是遠征勝仗。一六八三年大清帝國佔領台灣，不是海戰勝利，是鄭克爽投降大清帝國。這一點是台灣人民永遠必須記得的歷史教訓，只有掌權的內賊才會滅台賣台。

自古以來中國就是亞洲大陸的國家，台灣則是個太平洋島國。有史以來中國從未真正實質佔領過台灣全島，大清帝國時代它只擁有台灣西部的管轄範圍，實質統治都是鬆散的。舉一八七一年台灣南部屏東發生「牡丹社事件」做實例，人們就較會有感。

大清吏部尚書毛昶熙回覆日本外務大臣，特命全權大使副島種臣及副使柳原前光：「生番皆化外，猶如貴國之蝦夷，不服王化，萬國之野蠻人大部如此」。柳原再曰：「生番殺人，貴國捨而不治，故我國將出師問罪，唯番域與貴國府治犬牙接壤，若未告貴國起役，萬一波及貴轄，端受猜疑，慮為此兩國傷和，所以予先奉告」。毛昶熙答曰：「生番既屬我國化外，問罪不問罪，由貴國裁奪」。

於是，日本明治天皇依據太政大臣三條實美之奏章，向外界公告軍事行動，派兵至台灣。各國此時也表明態度，駐日美國公使敏哈某（George Bingham），與英國公使把克須（Hally Parkes）發表聲明，保持中立。

大清帝國不承認擁有台灣全島的主權

明顯可見，一八九五年中日甲午戰爭之前，中國一直把屏東及整個中央山脈包括台灣全部東部視為化外之地。放棄管轄權就是不擁有主權，實質管轄是國家主權重要的條件。就像當年美國五月花號移民只佔領了北美洲的東北角，當然不可以宣稱他們擁有整個美洲大陸一樣。在一長串外來統治國之中，第一個真正對台灣全島包括中央山脈實施管轄權的國家是日本，不是中國。中國和台灣全島真正有關係的年代是遲至一九四五年到一九四九年，但那時中華民國對台灣的佔領依國際法是「軍事佔領」，佔領權來自於二次大戰亞洲區的盟軍統帥麥克阿瑟的統帥命令。這種「佔領」是戰爭時期的軍事行動，不是國際法上永續合法的佔領。這種佔領的永久性法律地位必須由交戰雙方締結和約加以確認。

關於台灣的國際法律地位，一九五一年四十九個二次大戰的相關交戰國家在舊金山集會簽訂和約，「中華民國」和「中華人民共和國」都未獲邀參加，該和約未處理「台灣」的主權歸屬。一九五二年中華民國和日本在台北簽署雙邊和約，日方只表示「放棄」對台灣的主權，沒有確認其歸屬。中華人民共和國當然沒有權利片面聲索「台灣」的主權。

一九四九年十月一日，中華人民共和國成立，台灣又和中華人民共和國處於敵對國關係以迄今日。中國老是宣稱「台灣是中國不可分割的一部分」是擴張主義者的誑語，野心者的夢囈，毫無國際法依憑。就法論法，「中華民國」一樣也沒有合法擁有台灣主權的權利，但它比「中華人民共和國」具備國際法上佔有的權利，是可以引用「先占」及「時效」兩點主張，在台灣行使主權地位。特別是，台灣人民已依據普世承認的原則依法選出自己的國會和總統，對內有效行使其管轄權，對外代表台灣履行其國際義務，並為國際社會所接受已超過半世紀。台灣人民及台灣現行政府，不管叫做「中華民國」，叫做「台灣」或叫做「什麼」，都已合法擁有台灣主權，不是任何國家可以聲索、可以挑戰的！

美國是二次大戰後對外用兵超過八十次的國家

自二次大戰之後，美國成為世界強權當然清楚：如果讓中國佔領台灣，中國就不再只是亞洲大陸國家。中國就可以大剌剌宣稱自己是太平洋國家！包括擁有台灣以東太平洋的兩百浬的經濟區，就可以競逐太平洋相關權益。台灣也將成為中國東進太平洋的海空基地。這是中國歷史上從未有過的新領域，即使大清帝國時代也未曾碰觸過的太平洋水！美日等國推動的印度洋太平洋架構必然呈現巨大破口，本地區的情勢就將丕變！影響所及不只是台灣人民而已。屆時，日本是否被迫必須重整軍備，包括發展核子武器……？屆時，親中的菲律賓杜特蒂也將笑不出來。相關延伸的問題我就不必再深論了。

這種情勢的劇變不只美中日瞭解，全球戰略專家都明白。所以，中國對台灣的聲索及威嚇日增，連法國軍艦都來台灣海峽巡遊，共同宣示台灣海峽的自由航行權，是國際領域。

談這些是在說明美國對台灣的安全課付自己責任，不是為了「愛護台灣及其人民」，而是為了自己及全球大戰略，包括把中國擴張主義圍堵在亞洲大陸之內。台灣在本地區的國際地緣政治所佔的關鍵性地位，是台灣安全最重要的資產。這點，蔣介石當年就很清楚，他為什麼不撤退到海南島？不撤退到中國西南內陸？他也算準了台灣的國際戰略地位，美日等國都不得不協助他防守台灣。蔣介石的子弟兵，今天怎麼忘了，反而拿中國來嚇唬台灣人？

再說，美國協防台灣的代價是二次大戰後最微不足道的。

美國在二戰之後的出兵都不是因為領土野心，而是鞏固或爭取「勢力範圍」，政治的、經濟的或軍事的勢力範圍。為了這個目的她四處征戰付出了極大代價，仍然勇往直前。

讓我們細看從一九五〇年以來，美國已在全球採取了八十次以上的軍事行動或戰爭，就能更精確評估美國在中國對台灣用兵時會不會放棄台灣？

從一九五〇年六月二十七日美國總統杜魯門下令介入韓戰，到二〇二〇年元月三日川普總統命令以無人飛機刺殺在巴格達機場的伊朗將軍蘇雷曼尼，美國在二次大戰後的戰爭行為是遍布全球的。而且是每任總統都有發動軍事行動和戰爭行為的紀錄。不要低估美國做為一個世界霸權的決心和行動力。看看美國入侵伊拉克處死海珊總統的行為，深入巴基斯坦狙殺賓拉登，穿進敘利亞領土斬首ISIS首腦巴格達迪，神不知鬼不覺地以無人駕駛飛機在伊拉克首都機場附近格殺伊朗將領蘇雷曼尼，不管你支持或反對，美國就是敢如此赤裸裸血淋淋的在世界各地執行霸權行動！

下列年表，只是供你加深美國敢于行動的印象：

- 朝鮮戰爭：一九五〇～一九五三年
- 越南戰爭：一九六一～一九七五年
- 入侵豬灣：一九六一年
- 古巴飛彈危機：一九六二年
- 入侵多明尼加共和國：一九六五年
- 轟炸寮國與柬埔寨：一九六八年

● 入侵柬埔寨（Cambodian Campaign）：一九七〇年
● 轟炸北越（Operation Linebacker II）：一九七二年
● 常風行動：一九七五年
● 鷹遷行動：一九七五年
● 馬亞圭斯號事件：一九七五年
● 板門店事件：一九七六年
● 鷹爪行動：一九八〇年
● 錫德拉灣事件：一九八一年
● 入侵格瑞那達：一九八三年
● 錫德拉灣行動：一九八六年
● 空襲利比亞：一九八六年
● 靈敏射手行動（Operation Nimble Archer）：一九八七年

- 摯誠意志行動（Operation Earnest Will）：一九八七～一九八八年
- 良機行動（Operation Prime Chance）：一九八七～一九八八年
- 螳螂行動（Operation Praying Mantis）：一九八八年
- 黃金野雉行動（Operation Golden Pheasant）：一九八八年
- 第二次錫德拉灣事件：一九八九年
- 古典意志行動（Operation Classic Resolve）：一九八九年
- 正義行動（入侵巴拿馬）：一九八九年
- 沙漠之盾行動（波斯灣戰爭）：一九九〇年～一九九一年

老布希（任期一九八九年一月～一九九三年一月）

- 舒適行動（Operation Provide Comfort）：一九九一～一九九六年
- 銀砧行動（Operation Silver Anvil）：一九九二年

- 履行承諾行動（Operation Provide Promise）：一九九二～一九九六年
- 伊拉克禁飛行動（Iraqi no-fly zones）：一九九二～二〇〇三年
- 恢復希望行動（率聯合特遣部隊（Unified Task Force）介入索馬利亞內戰）：一九九二～一九九五年

比爾．柯林頓（任期一九九三年一月～二〇〇一年一月）

- 聯合國索馬利亞行動二號（United Nations Operation in Somalia II）：一九九三～一九九五年
- 摩加迪休之戰：一九九三年
- 拒絕飛行行動（Operation Deny Flight）：一九九三年
- 巴尼亞盧卡事件（Banja Luka incident）：一九九四年

- 維護民主行動（Operation Uphold Democracy）：一九九四～一九九五年
- 慎重武力行動（轟炸波士尼亞與赫塞哥維納）：一九九五年
- 可靠回應行動（Operation Assured Response）：一九九六年
- 快速反應行動（Operation Quick Response）：一九九六年
- 沙漠襲擊行動：一九九六年
- 銀牌行動（Operation Silver Wake）：一九九七年
- 沙漠之狐行動（轟炸伊拉克）：一九九八年
- 牧羊人行動（Operation Shepherd Venture）：一九九八年
- 無限延伸行動（報復一九九八年美國大使館爆炸案）：一九九八年
- 科索沃戰爭：一九九九年

小布希（任期二〇〇一年一月～二〇〇九年一月）

- 持久自由行動（反恐戰爭，九一一襲擊事件後的解決方案）：二〇〇一年
- 持久自由行動—阿富汗（阿富汗戰爭）：二〇〇一～二〇一四年
- 持久自由行動—菲律賓（Operation Enduring Freedom – Philippines）：二〇〇二～二〇一五年
- 持久自由行動—非洲之角（Operation Enduring Freedom – Horn of Africa）：二〇〇二年～
- 伊拉克自由行動（伊拉克戰爭）：二〇〇三～二〇一一年
- 介入第二次賴比瑞亞內戰（Second Liberian Civil War）：二〇〇三年
- 介入二〇〇四年海地政變（2004 Haitian coup d'état）：二〇〇四年

- 介入巴基斯坦西北部戰爭：二〇〇四年～
- 坎波尼戰役（Battle of RasKamboni）：二〇〇七年
- 持久自由行動－跨撒哈拉（Operation Enduring Freedom－Trans Sahara）：二〇〇七年～二〇〇八年
- 介入南奧塞提亞戰爭。

貝拉克・歐巴馬（任期二〇〇九年一月～二〇一七年一月）

- 阿拉薩之戰（Battle of Alasay）：二〇〇九年
- 甘加爾之戰（Battle of Ganjgal）：二〇〇九年
- 莫赫塔拉克行動（Operation Moshtarak）：二〇一〇年
- 龍擊行動（Operation Dragon Strike）：二〇一〇年
- 新黎明行動（Operation New Dawn）：二〇一〇～二〇一一年

- 介入利比亞內戰：二〇一一年
- 奧德賽黎明行動（多國轟炸利比亞）：二〇一一年
- 海神之矛行動（突襲奧薩瑪・賓拉登）：二〇一一年
- 介入敘利亞內戰：二〇一一年～
- 布洛馬爾人質救援行動：二〇一三年
- 轟炸索馬利亞：二〇一三年
- 介入伊拉克內戰（American-led intervention in Iraq（2014–present）：二〇一四轟炸伊拉克：二〇一四年
- 藪貓行動（Operation Serval）：二〇一四年
- 武裝干預敘利亞：二〇一四年～
- 轟炸敘利亞：二〇一四年～

- 武裝干預伊拉克和地中海東部：二〇一四年～
- 介入喀麥隆叛亂：二〇一五年～
- 美國聯軍空襲敘利亞政府軍事件：二〇一六年

唐納・川普（任期二〇一七年一月～至今）

- 二〇一七年沙伊拉特打擊行動（轟炸敘利亞）
- 二〇一九年十月在敘利亞北部獵殺伊斯蘭組織ISIS首腦巴格達迪。
- 二〇一九年十二月底美國轟炸伊拉克「真主黨」軍隊。
- 二〇二〇年元月三日美國總統川普下令轟炸伊拉克首都巴格達機場，斬首伊朗將領蘇雷曼尼（Qassem Soleiman）。

「親美」是台灣唯一的外交政策

這些戰爭或軍事行動都是遠離美國本土的跨海戰爭，美國每每都有重大傷亡，讓美國軍人公墓人滿為患。最為世人知悉的戰爭像：

美國在韓戰就死了五萬四千二百四十六人、被俘七千一百四十人、失蹤八千一百七十七人、負傷十萬三千兩百八十四人，總計十七萬兩千八百四十七人。

美國在越戰的傷亡是死亡五萬八千兩百〇九人，受傷三十萬人。

美國在阿富汗戰爭中的傷亡代價，依五角大樓表示，阿富汗戰爭至今已消耗了三千兩百三十二億美元，造成兩千兩百名美軍死亡。

一九八三年，美國入侵格瑞納達是最小規模的軍事行動，美軍也死了十八人，受傷九十一人，直昇機損失十餘架。

其他的軍事行動傷亡人數和軍費付出大多可以從網路找到。但美國都沒有迴避，這是做為一個世界強權的宿命……。

我想說的是，美國從一九四九年中華人民共和國成立迄今，為了擁有台灣及台灣海峽的勢力範圍，美國沒有在軍事行動中傷亡一兵一卒！

中國稍有微動，美國政府只要說說話，再派航母或艦隊到台灣海峽走走，情勢就穩定了。最著名的行動就是中華人民共和國成立，蔣介石政權在台灣搖搖欲墜，杜魯門總統下令第七艦隊到台灣海峽，宣布台灣海峽中立化，蔣介石政權就穩定下來了。七十年來，台灣海峽兩岸的穩定說是「美國製」（Made in USA）的，一點都不誇張。這種「美國製」的條件在可預見的未來，只會趨強不會趨弱更不會瓦解。

事實是中國不敢跟美國打，不是美國怕中國。中國是大陸軍國家，介入韓戰、越戰可以，海空大戰？免啦……。

從上述一長串美國攻打外國的紀錄，足足可以證實美國做為世界強權，必要時對外征戰是無法避免的「責任」或「罪行」。

七十年來不費一兵一卒，美國怎麼會在中國的挑釁下就放棄台灣及台灣海峽？中國人民絕對不可以輕率低估美國為保護自己權益，會採取軍事行動的決心和動力。

中國揚言武力犯台，七十年來事實已證明只是「強者的哀鳴」。

當然，關鍵之一是台灣人民自己也不要輕舉妄動，在政治決策上犯了躁進的錯誤。台灣俗語說「戲柵腳站久咱的」，長期的事實就是最強有力的法理基礎。維持現狀，不管中華民國是獨立國（華獨）或台灣是獨立國（台獨）都是不屬於中華人民共和國管轄。華獨、台獨都是獨！愛台灣何必一定要在自己生前就不顧一切強求改國號，改國旗而引發內部動盪呢？但正名的這一天一定會到來的！在國際社會中擁有應有的地位和權力的這一天，也一定會到來的！也許是在我們的孩子、孫子或曾孫的時代到來。有什麼關係呢？只要台灣獨立自由地存在，希望永遠在。

美國只求擁有台灣海峽及台灣作勢力範圍，對台灣沒有領土野心，所以台灣親美。兩蔣時代的外交路線即是如此。

中國哪天覺悟了，放棄對台灣的領土野心，台灣政府才有可能重新思考國家的外交戰略。只要中國對台灣仍存有領土野心，台灣的外交政策就只有：

「親美！親美！親美！」這是小國的生存之道。

沒有什麼「親美、友日、和中」，這種幻想式的完美政策的！這種面面俱到，政客式、浪漫式、討好式的政策絕對不該是國家大政策。它會使台灣人民不知所從，並引誘中國延續其併吞台灣的擴張主義政策。

再從一九四九年談起

談這麼多，我就是想做這個結論：對我們國家而言，「對外親美，對內和解是台灣唯一的路」。

今天台灣的災難不在中國，在台灣內部的敵對和撕裂。天有不測風雲。這種狀況不利於防衛台灣，也不利於經濟、文化及和諧社會的發展。這種狀況持續惡化是可能引誘中國幻想「裡應外合」的。造成這種情勢的，不是來自中國，主要來自台灣內部不同政黨的奪權言行，特別是雙方極端人士的表白。如果沒有出現一位有氣度和睿智的總統引領，狀況會持續下去。

和解對我而言雖然已是老生常談，仍願國家領導人聽進去，雖然我知道很難。因為奪權、保權常常都靠尖銳的對立來實現。和解比鬥爭難，尤其對貪婪者和懦夫而言更難。我常會說：反對和解者多是「戰，無膽；和，無量；拖，無智」，只會叫囂、攻訐、醜化。和解者最需要的就是：有膽，有量，有智。真正了不起的領導者都俱備這三種素養。

一九四九年，中國共產黨在北京宣布獨立建國，中華人民共和國誕生。

同年，蔣介石率中華民國的六十萬軍民到台灣，迄今已經七十年了。

從那個年代起，台灣這個島國上就住著兩個記憶體的族群，「中國記憶體」：外來統治集團，及「台灣記憶體」：被外來統治的族群。這兩個記憶體的族群問題從統治者、屠殺者、壓迫者、剝削者到省籍對立與仇恨。後來又變成統獨對立及藍綠撕裂。如今，外省二代、三代、四代都誕生了。七十年前產生和鑄造的問題，已一一被時間洗禮，被共存交融的事實化解了許多。像七十年前「外省人」、「台灣人」的鴻溝幾乎全不存在了。「台灣人」的認同感隨著一代又一代的子孫出生變得又濃又多了……。

當下，雖然有些人仍然難忘故國情懷，他們也有權力和機會選擇回歸中國故鄉，或以中國為賺錢的地方，台灣為安居立命的最後堡壘。但是對大多數留下來的，就像橘逾淮為枳那樣，台灣化了。而原本台灣記憶體的台灣人也相當程度被中華文化同化了。雖然還是有些人想強迫台灣人做中國人，但作用越來越淡。

當年來台灣的第二代會說：我是台灣人也是中國人。第三代有很多人會認為自己就是台灣人。等第四代成長，第五代誕生，「恁爸就是台灣人」和「恁祖媽就是台灣人」會在台灣遍地開花。「獨派人士」何必如此焦慮和缺乏信心，一定要強迫「異議者」在此時此刻完全認同屈服呢？在台灣空喊台獨口號，遠遠不如在美國的「台灣人公共事務會」（FAPA），數十年來耐心遊說美國國會及政府對台灣的實質貢獻。該協會值得台灣人民深深感念。

時間是站在台灣這邊的。尤其當中國恃強驕狂，常常口出惡言威脅台灣，只會令台灣人更厭惡，覺得他們沒有文化，沒有教養。台灣人何必在意海那邊的人士的失態呢？台灣對中國沒有野心，有野心的那方久久無法滿足，自然會有失措的言論。台灣人就該多點氣度，以文明人的禮貌相待吧。

台灣獨立早已「借殼上市」

台灣本來就不是屬於中國的，中國只是諸多外來殖民政權之一。台灣更不是亞洲大陸邊緣的島嶼，像濟州島、馬祖、金門、東山島、海南島……，台灣是遠在中國大陸之外一二三公里的太平洋島國，比多佛海峽還寬三倍以上。回頭去了解一下：二次大戰的諾曼第登陸戰史，台灣人就會信心百倍，也會領悟到：美中台三方的關係中，團結台灣內部人民，建立公平公義富裕的社會才是台灣總統的天職。

今天我們的國家不管名字叫台灣或叫中華民國，所代表的人民與土地不就是台灣和台灣人民嗎？四十年前美麗島軍法大審，已經有人冒死一再在法庭上大聲對那時會要了他的命的獨裁者蔣經國總統說：「台灣應該獨立，事實上台灣已經獨立三十年了，他現在的名字叫中華民國」。當時，透過媒體的大量報導，打開了台灣人民對統獨的僵化對立思考，引領新的思路。

隨後，我們台灣內部最大的共識就是沿著這條路線發展的。從李登輝的「中華民國在台灣」，陳水扁的「中華民國是台灣」，再到蔡英文的「中華民國台灣」。「中華民國」和「台灣」併存，還可以互用。實際運作下「中華民國」這個國號只在台灣有效，「台灣」這個國名則通行於全世界，各適其份。

一九四九年「中華民國」從中國大陸移到台灣，猶如一家惡質公司，董事長（總統）和董事會（國會）永遠不改選。董事長（總統）永遠是姓蔣的，董事會（國會）永遠是那批老賊。董事長與董事會聯手欺壓股民，全面吞食公司的營收還霸凌股民。有一批股民浴血抗爭，付出慘痛代價，終於在一九九二年全面改選了董事會（國會），一九九六年董事長（總統）也由股民直接選舉了。從中國大陸搬過來的這家「公司」中華民國只剩它的名字，其他都已經台灣化也合法化了。當初浴血奮戰的股民認為等適當時機才改名，不必只為了改名而毀了公司權益。保留原公司的名號是為了維護台灣內部的族群和諧及用來對付中華人民共和國對台灣主權的無理聲索。這就是主張台灣人民有權利決定自己命運的奮鬥者的遠見與睿智：借殼上市。一步步讓中華民國徹底台灣化了，只有名存。

國民黨的「中華民國派」主張捍衛中華民國獨立不屬於中華人民共和國，和「台灣獨立派」有什麼本質上的不同嗎？何必在「我是中華民國派」之後，再加一句「但我反對台灣獨立」？加這句是為了討好中華人民共和國？或認為只有他們才有權繼承一九四九年到台灣的那個惡質公司「原中華民國」的「法統」？

這種主張和立場實在不聰明，更不智慧，簡直是愚蠢。因為你說中華民國依然獨立存在，就是明指「兩個中國」，中華人民共和國當下就不會接受你，你討不到北京的好。北京政府當然清楚：「華獨」、「台獨」都是獨！「一中一台」、「兩個中國」、「一中各表」對北京政府而言，都是一丘之貉。它不容你有刻意模糊的空間，不要自以為精明。如果你們真的愛台灣，愛自由，「華獨者」和「台獨者」本來是穿同一條褲子的，應該一起來面對北京的。現在卻仍有些「華獨者」反對「台獨者」，「台獨者」鄙視「華獨者」，到底是在堅持什麼？爭什麼？台灣內部的統獨之爭早已結束，勝負也已定。這些人真的不知今夕是何夕？

多年前，有一位有智慧的企業家曹興誠，他曾提出一個「兩岸和平共處法」，在尊重台灣是個主權獨立國家的法律地位下，「中華人民共和國」如想合併「中華民國」，就必須提出合併的條件，請求「中華民國」依自己的國家機制裁決。條件不符合遭到拒絕，若干期限後前者可以再提出更好的條件尋找合併，就像兩家獨立公司的合併一般。這是把企業的併購概念運用在國際關係中，很有想像力，現實和理想兼顧，如何立這個法，全由台灣掌控又能維持文明社會的和平。可惜藍綠兩黨迄今都不屑一顧。

智者常常不見容於政治牛肉場……。

放棄領土野心，爭取勢力範圍

二次大戰結束後，全球的強權只有美國一再對外用兵。美國爭的是什麼？石油？資源？勢力範圍？可能都有。但美國真的從未為擴張領土野心而對外用兵。

要解決台灣問題或海峽兩岸問題，事涉美中台三方。事實上，關鍵棋子仍握在中國手中：中國下的棋子是要把台灣納入中國領土之內，或是要把台灣和台灣海峽變成她的勢力範圍？兩者差別極大。

美國七十年來對台灣沒有領土野心，所以台灣和台灣海峽牢牢成為美國的勢力範圍，並成為美日等國際勢力防堵中國勢力外溢的第一島鏈之環，而且很歡喜甘願。這種心態從老蔣統治時代，迄今沒有改變。

台灣問題的解決，只有等中國政府哪天覺悟了：放棄對台灣的領土野心，徹底放棄以武力征服台灣，她也許才有可能分享台灣海峽的勢力範圍。

台灣，不是中國大陸或亞洲大陸邊緣的島嶼。台灣是太平洋的島國，東出台灣就是一望無際的太平洋。誤判台灣的地理位置就會延伸出錯誤的判斷。這就是中國七十年來只敢喊打而不敢打的主因。洶湧遼闊的台灣海峽不是說打就能打的，更不是游泳滑水可以到台灣的。要恫嚇台灣人民的人，請多讀些戰爭史吧，特別是海戰空戰史。

台灣只要不主動挑釁中國，只要聲稱我們願意以和平方式處理雙方的歧見，如果中國誤判情勢瘋狂到敢對台灣動武，那就是中國共產政權自取敗亡的起點。

最後，我們也應該正告中國：世界公認的最早在台灣建立殖民地政府的國家是荷蘭、西班牙，中國只是後來台灣諸多外來統治者之一。台灣絕對不是「中國神聖不可分割的一部分」，中國這種說法是擴張主義者的政治詞令，方方面面都站不住腳，毫無意義。中國甚至還比不上荷蘭對台灣主權更有聲索權⋯⋯。

中國領土已經夠大了，治理好現有土地就能創造歷史高峰，貪念只會引來不測之禍⋯⋯。

請做國家的總統，不要做派系的大頭目

選戰正如火如荼，勝者黃袍加身，雞犬升天。敗者如喪家之犬。所以我不喜歡總統制、雙首長制，我一直較支持內閣制，勝負比較不會全拿全無，也不會讓台灣內部一直讓藍綠撕裂、統獨對立。台灣的總統制或雙首長制會讓一個人權力大到可以為所欲為的貪腐和獨裁，更便於分贓。這是台灣最危險又邪惡的民主體制隱憂。

台灣的國家體制完全不像美國立國的三權分立制。台灣有龐大的國營事業體包括金融機構，讓總統可以藉「影響力」實質介入經濟領域牟取私利，還可以藉「黨主席」權力指揮立法，又能運作提名機制

安插任期短暫的大法官們左右司法權。台灣總統幾乎是行政、立法、司法及經濟一手掌握！當然，權與錢能使鬼推磨，媒體及網軍也會在其掌控之中，是非真相難辨……。

為長治久安，台灣的中央政府體制有修憲、制憲改革的必要。這是想做一個偉大的台灣總統的當選者應該思考的。

台灣政治領袖們在奪權爭位時，請不要一直撕裂台灣吧。請不要再拿中國來嚇唬我們吧。

請問天天喊台灣獨立的人士，你們真的一定要不顧一切立刻改國號，死才會瞑目嗎？

請問中華民國派，你們真的相信中華民國的領土包括中國大陸嗎？

選戰結束應該是引領和解結束內戰內耗的開始，整碗整桌獨享是不可能促進團結的。

「顧主權，護民主」的真諦是什麼？只是奪權的口號！請當選者真誠品味。

請不要當選就是分贓、享受的開始！

請不要再說：「咱哆好運當選了，嘸你嘜按怎？」

總統，請引領我們走向流蜜與乳的地方，請給我們一個國家的榮譽感吧。請讓我們尊您為國家的元首，不只是黨的頭頭，派系的頭目。

庶民，請作自己，不要作票奴！

七十年了，兩岸仍有敵我，台灣內部不應該再有「你爸爸奪了我爸爸的江山」，「你爸爸讓我爸爸失業、坐牢」……。有恨有怨的人生是悲慘的。

台灣人早該走出這種悲傷了……。

台灣早已走出殖民地時代，也脫離獨裁恐怖統治，人們曾經是恐懼的奴隸，如今也該起身成為自己，負起民主的責任。你不是「黨員」卻把自己習慣性地定位為「藍色」或「綠色」，而不敢、不會、不要做自己就是票奴，就依然是自願為奴的人！

每個時代都依舊存在自願為奴者，民主時代裡自願為奴的人，自願做政黨、政客的票奴，其實就是棄守自己靈魂的人，枉費先賢先烈以血淚為你掙來做自己的權利……。

台灣，仍然是個有外敵的國家，促成內部的公義、和解、團結，如果不能靠政客實踐，就必須靠人民自己培養獨立思考判斷的能力，這才是真正的民主素養。這，才是一個夠格獨立於世的國族應有的氣質。

愛台灣比愛一個黨，忠於台灣比忠於一個黨，重要千百倍！忠於一個黨有糖吃，忠於台灣忠於國家常常得受苦受難，粉身碎骨……。

寫這篇文章，我內心一直在掙扎：這次該不該去投票？

因為我討厭被政客欺騙而懊惱的感覺……。

施明德

寫於霪雨霏霏的汐止山谷

二〇一九聖誕夜前夕

第五章

畏戰、乞和都是在養戰

中國對台灣的文攻武嚇，台灣人已經承受了七十二年了。中國人在兩蔣死後，就聽不到台灣對他們的文攻武嚇了。

「台灣問題」從韓戰結束後，曾經位居世界四大危機之中：「柏林問題」、「以阿問題」、「古巴問題」和「台灣問題」。

曾經有三十年之久，這四大危機常常牽動世人的神經，也讓「華沙公約國」和「北大西洋公約國」處於引發第三次世界大戰的邊緣，引世人高度關注。曾幾何時，前面三大危機一一解決了或緩和了，只有「台灣問題」在中國的領土野心下，仍然不時吸引世人的關注，平添本地區的不安氣氛。

中國只是台灣歷史的一部分

台灣海峽問題或台灣問題，本質上就不是「中國內政問題」。正確的說，它是二次大戰殘留的國際未決問題之一。但是經過蔣介石帶來「中華民國」，並經過台灣人民犧牲鮮血與青春追求自由、民主與人權，它已經成為舉世稱讚的民主化國家。在國際法的「時效」及「有效管轄原則」下，早已經是個主權獨立的國家。不管它叫「中華民國」或「台灣」，它的命運都掌握在現在台灣兩千三百萬人民手中，早已是不爭的國際事實。長期的事實，就是最強有力的法理基礎。

多年以來，中國政府及其心懷擴張主義的人民聲稱「台灣是中國不可分割的領土」，完全背離史實和一切法理基礎。就像任何狂人、瘋子都可以對著台北一〇一大樓，天天舉牌大吼：「台北一〇一大樓是我的！」一樣荒謬、可笑。

稍微屈指翻閱史實並計算台灣過往歷史，就會得出最早佔領台灣，取得主權的國家是荷蘭、西班牙，絕對不是中國。哪來台灣自古就屬於中國，而且「不可分割」？「台灣悲劇」就是近四百年以來，台灣不斷被本地區或世界海上強權輪流佔領，建立殖民地政權。荷蘭、西班牙、明末海盜集團鄭成功、大清帝國、日本帝國和中華民國政府都曾在這個美麗之島，先後建立外來政權。直到三十幾年前台灣奮鬥者讓台灣成為民主化國家之後，台灣才真正結束近四百年的外來殖民統治。中華民國已經量變與質變，在台灣落地生根。台灣，不分彼此，不分先來後到，台灣就是只屬於現在兩千三百萬台灣人民的！

台灣，不是自古就是「中國」的一部分，更不是從來沒有統治過台灣一分一秒的「中華人民共和國」的一部分！說真實具體一點：

中國才是台灣歷史的一部分而已，中國只是眾多外來殖民國之一。

台灣現在繼承的不是中國管轄權，而是七十年來的中國文化教育。

台灣不是中國的一部分

落後的中國，經過中國共產黨六、七十年的發憤圖強，終於成為世界第二大經濟體，也擠身世界強權之一，已經足夠榮耀於他們的列祖列宗了。但是做為一個大國，尤其是曾經被列強欺凌過的中國，就更應該承擔起做大國的責任和善良典範：濟弱扶傾而不是霸凌弱小。不能以當年身受之苦，要還諸弱小之身。

說句坦率的話，這樣的大國、強者是不會讓世人尊敬的，也不會恆久的。所以，我迄今沒有踏上中國領土一步，九七之後不到香港，九九之後不訪澳門。到莫斯科不經香港轉機，不飛過中國領空，寧可繞遠路從曼谷轉法蘭克福再飛莫斯科。其實，我是一個不反共，不干預中國內政，更不反中的人，我只是反戰。但是只要中國不放棄對台灣的領土野心，我只好被迫不跟他們交往，連私人友誼都無法建立。

台灣人會親美反中是先天條件促成的：美國對台灣沒有領土野心，只要維持影響力。中國則對台灣有十足領土野心和支配慾，包括揚言對台灣人集體思想改造！「留島不留人」的狂吠！所以，台灣人怎麼可能反美親中？在這種條件下，連「友中」、「和中」都是癡人夢話，別有用心，或單戀曲。

台灣，從二次大戰後特別是韓戰之後，就不是中國可以予取予求的。台灣海峽的戰略位置，台灣的政略地位，已經和本地區的和平及經濟發展息息相關。捍衛台灣的民主化及和平，不只事關台灣人民的利益，更與本地區的國際關係密不可分。從美國的台灣關係法明確表示：「台灣問題的和平解決攸關美國重大利益」，及美日安保條約「日本有事」的延伸，「台灣有事」是否與「日本有事」牽涉？都可以想像。

美日對台灣安全的可能反應，不管是持續「模糊化」或「清晰化」，都已是台灣問題本質的一部分。七十年來台灣安全，台灣所以沒有落入中國之手，我們必須坦白承認：這是「美國製的」（Made In USA）。沒有美國協助，蔣介石政權當年就不可能起死回生。沒有美國隨後的長期的軍事、經濟援助，台灣不可能有今天的成就。但是，台美關係並不是單向的，是雙方互需的。台灣需要美（日），美（日）也需要台灣，共同防堵中國勢力溢出亞洲大陸，成為太平洋國家，危害本地區的和平、安定與發展。如果台灣變成中國的一部分，世界大勢將徹底改變。不只台灣，連南海諸島所涉國家都會遭受巨大影響。這就是為什麼最近中國加強對台灣的文攻武嚇，大肆軍演，連歐洲中級強國也必須介入表態的原因。

裴洛西化身「那個小孩」

中國對台灣文攻武嚇已經七十幾年，就是不敢真正打。不是中國不忍生靈塗炭，不是不願打，而是不敢打。

稍稍讀過幾本戰史的人都會知道，渡海之戰和陸戰是有極大的差異的。韓戰、越戰、阿富汗戰爭和現在的烏克蘭戰爭，步兵可端槍走過，戰車可以長驅直入，但是打一場諾曼第登陸戰，是何等艱辛困難，不是孫悟空可以拔毛成兵的。何況，中國自古以來就是陸軍大國，世界強國不要幻想征服中國。但是中國幾百年來從未在海戰中真正贏過。空戰更不用說了。所以，七十年來只能文攻武嚇，不敢真打是有其條件限制的。兵凶戰危，敵對雙方或各方，都必須極其嚴謹。

但是，近年來還是有些人士會說：今非昔比，中國已經不再是當年的吳下阿蒙，空軍戰機成群，海軍有航母了。誰不望之怯懦？

美中雙方亦就在這種心態下，彼此鬥智。但是基本態勢仍然沒有改變，美國仍然是海空大國，二次大戰後只有美國真正有渡海的海空作戰經驗，迄今海外大小戰役已八十幾次了。閱兵的陣容，大規模的軍演，和實戰會有落差的。這點大家都懂。

只是中國人士的武嚇之聲越來越大，越強悍。美國眾議院議長裴洛西訪台，讓美中雙方走到必須攤牌的階段。

裴洛西議長從開始就按計劃進行，何時到台灣，接見哪些平民都早在她抵台前一個星期就通知約定好了。

中國方面則空前武嚇，甚至揚言要打下裴洛西的座機。把裴洛西訪台，視如正式承認台灣獨立般。

在裴洛西抵台之前，我在一個小小的好友組群中留言：

「美中梭哈了。現在要看美中誰怯懦了？

裴洛西如果不敢來，以後『台灣問題』就是中國說了算，美國從此退出。

裴洛西來了，中國如果仍然只是文攻武嚇，大肆謾罵，大規模軍演，本質就被看破手腳了。」

裴洛西來了，又走了。她化身「那個小孩」，看到了那一個國王的新衣了。

她走了，我在同一個組群留言：

「現在應該讓中國大大軍演，放放馬後砲，挽回一點面子吧，台灣人不要太在意。」

馬英九說，美國不會出兵

在裴洛西訪台前後，執政黨大小政客低調面對，沒有喜色，沒有狂言，表現出乎意外的得體。反而是在野黨的大小政客在中國大肆軍演，威脅要封鎖下，表現得真是令人難過。

文攻武嚇，本質上就是要敵方驚恐、屈服、慌亂，最後達到不戰而屈人之兵。在野黨不少人士都陷入這種情境中，他們的言行讓中國越演越有勁，助長了文攻武嚇的氣勢，真是親痛仇快。

國民黨竟然還在這個時刻派副主席前往中國，還說「太晚就來不及了」。結果，副主席一臉畏戰、乞和的姿態去了，拿回了什麼？改變了什麼？

其他同類的學者、政論家、退役將領們、政客的發言，我不想一一重述，我只想提一下馬英九。他說，如果中國打台灣，美國不會派兵的。他真的在大大長中國志氣，滅台灣的熱情！這個當了八年總統的人，竟然連從韓戰開啟之後，美國就派第七艦隊協防台灣海峽，七十年來美國艦隊從來就沒有真正離開過台灣海峽。三不五時，美國艦隊就在台灣海峽「落落蛇」。沒有離去，怎麼說，不會來!?而中國犯台，首先要打的第一戰，就是台灣海峽的海空之戰。砲轟台灣，只會讓世人赤裸裸地看到台灣人的悲慘，中國的獸性……。

這些畏戰、乞和的言論，在此時此刻發出，就是在養戰！是文攻武嚇的同卵兄弟。

這種在野黨怎麼能贏得大選？與民心走向，與世界潮流如此背離。今天執政黨的權力放肆，部分主因是在野黨的無智、荒誕所養育的。

台灣人民要有自衛的決志

戰爭，是國家存亡滅絕的大事，是個人家族毀滅的時刻，我們當然不能只依賴美國。台灣人民好不容易才結束了四百年的外來統治，台灣人應該不會再把國族的自由民主人權，再讓渡給中國新統治者，再淪為奴隸吧。

此時此刻，台灣內部除了有馬英九之流的人，更有人，像曹興誠董事長，大聲疾呼並身體力行要組民間抗中保台的力量。曹董的言論已引發人民的熱烈反應，不必我在此多言。我想說的，只有兩個重點：

一、組「第四軍種」——警軍

通常我們都說三軍，陸海空三軍。這些都是正規軍，隸屬國防部。但是小國的防衛機制多不僅僅是靠正規軍，軍備預算昂貴。在敵國入侵時，如果正規軍力有未逮，被敵人功破防線，敵人入侵了，民兵之類的武力就能參與發揮殲敵的作用。曹興誠先生的心意在此。

其實早在三年前，我就在思考這件事。那是我們到以阿諸國旅遊訪問時，親自目睹以色列人的自衛行動所真正激發的。台灣當然有眾多愛台灣的人（雖然也有不少二心之人），如何把這些決心把生命交給台灣的人組成起來，又不會影響他們當下的日常生計和工作，屆時又能立即動員發揮戰力，我認為應該運用平時在維護治安的警察及警察機關。

警察是對地方轄區最了解的人，正規軍的訓練和針對對象都是外侵的敵人，領導打巷戰，打地方游擊戰絕對不如當地警察那麼對地形、地物、居民的認識與了解。如何把有志於捍衛台灣自由、主權的平民組織在警察機關之內，形成一個新軍種：警軍。這個新警軍的人數可能會超過正規軍的十倍以上。簡單的說：

讓一個派出所在戰時立即變成一個連。一個分局變成一個營，六都居民多可變成兩個營……。各縣市總局變成一或兩個旅，或更多。

這些警官平常就應分期接受軍官的初級班、高級班或三軍大學的將官訓練。讓他們亦警亦軍，也能夠享受軍人的福利。戰時的民兵在平時就組織好，訓練好。讓中國知道：來吧！

半年多前，我曾邀請幾位前將領、前高階警官和學者想一起研究一套建立「警軍計劃」，包括相關的立法規章。

我把這個計劃告訴執政黨有權的高官，對方聽完竟然說：「我們已經有在想了」。

坦白說，我怒了。你們這些官僚怎麼會有此創意！只會吹牛！一群僵化、優越感強的官僚，不是寄新希望的人！

二、重新安排金馬的政治地位

我擔任民進黨主席時，由於我已深入研究思考金門和馬祖的問題超過三十年，我在中常會討論台灣的國防安全時，提出了「金馬非軍事區化」，撤出金馬的正規軍，以海巡人員及警察維持地方治安，同時允許金廈（廈門）、馬福（福州）直航，讓金馬成為政治特區，他們未來的歸屬尊重他們的公決。

我提出這個經中常會通過的議案，立即遭到藍、綠只想騙取選票的大政客反對，連會被解放的金馬居民也被操弄，放聲反對我，引起軒然大波……。

我當時說服中常會的主要理由：

一、金馬不可能當做台灣的防衛前哨。

二、金馬不可能是「反攻大陸跳板」。

上述「防衛前哨」和「反攻跳板」都是蔣介石創造出來的神話，欺騙台灣人民的。

事實是：一旦台海發生戰爭，當地十餘萬台灣兵立即淪為人質，動彈不得。台灣的防衛力至少立即折損三分之一。

三、金馬人民在戒嚴時期已飽受戰地政務的高度壓迫太久了，應該還給他們基本人權了。

如今二十幾年過去了，誰的主張對？我已不必一一點出那些自私的大政客之名來羞侮他們了。我只想提醒金馬人民，你們當年反對我，如今兩岸議題高昂，如果台灣政府決定增兵金馬，把最強大的火砲設在金馬，你們會舉雙手贊成或是遊行抗議？

台灣問題不要再把金馬人民扯進來了吧。該還他們和平、自由、尊嚴的人生了。讓金馬徹徹底底成為兩岸的和平特區，非軍事區是時候了。

和平解決台灣問題是唯一的路

這篇文字已經寫得太長了，本來只是心中有些悒悒想說些話，寫了這麼多自覺還是不能呈現台灣問題的全貌，但我已寫了幾本書都談得很多了，此刻我不得不停下筆來做結論了。

台灣問題，從軍事、政治、經濟、文化及國際關係的研究，都不是中國能用武力征服的。中國不是不願打、不忍打，而是不敢打！中華人民共和國的成就得來不易，一場台海戰爭可能讓他的成就，迅雷風雲變色……。

最應該慎思的是中國人，不是台灣人該害怕！

一場中國發動的戰爭，可能反而會使台灣從此和中國切的乾乾淨淨，從此正式長存於比較文明的國際社會中。每日喊殺喊打的族群，誰想跟你們為伍？做朋友？

我是一個反抗者，一生不惜代價反獨裁統治，也反外來的入侵。我的一生已證明了這點。我不是喊口號的人。

我是堅定的和平主義者，和解的倡議者。這種人容不下獨裁統治和暴力入侵。

願中國人深思。

願台灣人有志氣。

—第六章—

「金馬撤軍」記者會

——立法院記者會實錄（一九九四年十月二十八日）

我今天以最嚴肅的心情面對歷史，在這裡舉行記者會。我也希望在場的每一位朋友，不管你是記者、學者，還是政治人物，也都能以面對歷史、面對人民的心境來看這個問題：金馬撤軍。

我一生已經有多次因提出前瞻性的主張而慘遭圍剿、蹂躪、踐踏、審判。對我來說這已經不是新鮮的事，我都願意承受、更會堅持。事實也證明若干年之後，我的看法與主張，都成為台灣政經制度的重要部分。作為一個負責任政黨的領導人或國家領導人，我認為最重要的職責有三：

第一是指引國家的大方向；

第二要能堅守大原則；

第三是知人善任；特別是在指引國家大方向上，一定要比人民有更具前瞻性、更多元化更周延的思考。

在我一生特殊的命運中，我研究、思考、省思整個台灣前途及二千一百多萬人民的福祉，我非常清楚應該在哪個時間做什麼事。各位也應該知道我是一個身經百戰的人，不是溫室裡的花朵。很多人也許會懷疑，為什麼我會在選戰如此敏感時刻提出金馬撤軍？雖然這個問題對我來說已經不是第一次提出來，我相信這是一個台灣追求國家內部安全、兩岸和平，讓中國人民、台灣人民免於另一次災禍，必須解決的問題。也許，正是選舉的敏感時的時刻，討論嚴肅的大國政，反而更會引發深入的關切。這是政治家與政客的差異之處。政客總是在選戰中互揭瘡疤，以口水戰取代真正的國政辯調。

我個人認為選舉固然是有其敏感性，但「真理」不會因為選舉而變成「歪理」，「是」也不會因為在選舉中討論就變成「非」。真理不分白天或夜晚。我也希望其他兩黨朋友們，不要在選舉期間，就用另一種嘴臉、另一套標準面對這個問題，這是我在正式談論之前希望說明的話。

有關金馬撤軍，金馬非軍事區的主張，我在民進黨中央黨部的記者會中已有全程錄影，而且這個問題是我在析論確保台灣安全問題中所提到四個觀點中的一個觀點。但大眾媒體播報出來只提到我說金馬必須撤軍，沒有其他背景說明，我認為這是非常不負責任的報導，是在誤導人民，沒有提供人民完整思考的資訊。然而國民黨、新黨及金馬民意代表也在扭曲事實，企圖從選戰中獲利。

我已經說過，金馬撤軍問題並不是我第一次提出來的。最近我到美國華盛頓和國務院官員及在紐約和各國外交官談此問題，甚至在接受紐約時報訪問時，我都談過這個問題，而他們也都認為這個主張對兩岸和平、亞洲安全是很重要的步驟。大家都還記得一九五八年的八二三砲戰，就是發生在金門那是一場差點就引起巨禍的砲戰，如果不是美國介入挽救……。

去年上個會期，我在立法院提出金馬撤軍的總質詢後，我很高興執政黨方面已做出回應。今年（一九九四年）四月六日工商時報一則報導就已經透露國民黨的規劃方案，在財政部要建設金門為金融經濟特區的計劃中，即包含金馬撤軍，這是執政黨為因應我在上會期中所提出前瞻性主張所做的規劃，整個完整的研究報告也都完成，我手中也有一份。為什麼到了選舉時刻，國民黨就矢口否認，這是一個執政黨應該對人民負責的態度嗎？政府已經在著手研究如何透過金馬特區的規劃，讓金門成為金融經濟特區時，也讓它成為兩岸的緩衝地帶，為什麼在選舉期又模仿十幾年前的作法，動員所有媒體對我鞭打、對我萬箭穿心。對於金馬兩位立委朋友，在此我能同情作為一個政壇新人，他們需要抓住每個能在媒體曝光的機會胡言亂語。有時我也覺得很悲哀，台灣的政治文化已經徹徹底底淪為媒體文化，攻訐文化只要能吸引媒體，什麼言論行為都做的出來！各位朋友兩年來觀察我在立法院，我有很多意見都會跟各方人士討論，各位所看到的我，不管在媒體前或媒體後都是一個樣子，不會面對媒體就是另一個動作、另一張面孔。

（此時，金門的立法委員陳清寶穿著迷彩裝，走進立法院我的記者會叫囂。我說：「陳委員這是我的記者會，你要不就坐下一起討論，要不就離開……」然後，陳清寶就離開了。）

陳清寶委員今天穿著迷彩裝來這裡，現在並沒有共匪可打，結果他卻穿著迷彩裝到國會要打架。其實幾個月前，我曾就金馬撤軍問題和陳委員私下討論過，他說只要不放棄金馬，他也贊成。而當時我即說過台灣人民及民進黨，從來就不主張放棄金馬。金馬人民跟台灣人民已經共存半個世紀，他們也是我們的兄弟姊妹，民進黨從未說過要放棄金馬，陳清寶當時也贊成金馬撤軍，並認為這樣對金門人有很多利益，包括，可以改善金門人民生活、提升人權，此外他還說我去金門時要安排我去演講，把這些觀念傳播給金門人民。為什麼在私下場合是這樣說，今天在公開場合又是另一種腔調？

陳委員自己在立法院公報第八十三卷第六十期第四頁（一九九四年四月）第六點質詢說得很清楚，金門不必永遠是戰地，可轉變金門角色，定位為兩岸關係之緩衝帶，事實上他也把跟我的討論結果都反映在質詢稿中，為什麼現在忘了自己在立法院也提出同樣主張的質詢？

接下來我還是要將之前我在民進黨中常會中表達的話，再說一次。最近因為選戰關係，統獨問題再度被激化，民進黨其實一直主張台灣人民不必為統而統、為獨而獨，如何追求台灣二千多萬人民的安全、福祉以及發展才是共同最高的追求目標，而統獨經過這麼多年來的激盪，其實我認為統獨問題，基本上是追求台灣的生存權和發展權的問題。

簡單來說，三黨對台灣的前途看法是什麼：國民黨現在是主張維持現狀——不統不獨，坦白說，幾年前我聽到李登輝闡述「中華民國在台灣」的主張時，我是非常高興的。因為一九八〇年三月二十五日美麗島大審時，我在法庭即提出兩岸是兩個主權完整的國家，是兩個政治實體。現在在台灣有個完整的國際法人叫「中華民國」，海峽對岸也有一個完整的國際法人叫「中華人民共和國」。那時我就清楚的指出是「中華民國模式的台灣獨立」。我在《施明德的政治遺囑》中也把整個概念闡述的很清楚，這是我在十幾年前的主張了，所以李登輝先生在闡述「中華民國在台灣」時，我很高興。因為我的徒弟，現在當了總統。

但各位可以從當年報紙或電視看到當年國民黨政府，是如何把我這個思想說成是台獨，判我死刑，後來改判無期徒刑時還透過高層人士來說這是蔣經國對我的特別恩寵。本來初審是死刑的，是蔣經國改成無期徒刑的；當年我說的中華民國模式的台灣獨立，現在變成李登輝所說的「中華民國在台灣」，內容完全一樣。國民黨主張不統不獨、維持現狀，究竟有沒有帶給台灣人民新的希望，而這樣的主張經過時間篩檢後無異是淪為「等死主義」。而新黨主張的統一究竟是想統一中國？還是被中國統一？現在大家已經不會再像幾十年前那樣瘋狂、無知高喊反攻大陸、消滅共匪，所謂統一其實就是投降主義。

民進黨則在黨綱說得很清楚，要以和平的方式、民主的程序建立台灣共和國。換言之，國民黨是以統一做理想，民進黨是以建立「台灣共和國」做理想，主張是無罪的，理想也是無罪的。但是國民黨、新黨都不敢面對人民，起碼民進黨還敢說要透過和平方式、民主程序，由台灣二千一百萬人來決定統一或獨立，在台灣沒有上帝的選民，國策不再是少數人能決定的。民進黨也嚴正表示，只要台灣二千萬人做了決定，以公民投票同意用中華民國國號、青天白日滿地紅國旗，民進黨絕對沒有異議，也承諾依照國際慣例在十年、十五年內不就同樣的問題再舉行公民投票，這是消弭內部問題的最好方式。而不像國統綱領沒有經過立法院審議，也未經人民公民投票，只是由總統府少數人決定就成了國家政策；又比如過去說反攻大陸、消滅共匪是誰決定的，現在不反攻大陸，又是誰決定的？這些沒有一項是由台灣人民來決定的。

但民進黨認為，未來不管是主張統一或者獨立都是無罪的。希望朝野雙方都能心中有人民，支持用公民投票方式，讓國事由公意來決定。所以民進黨在兩岸問題上是採人民主義，國民黨是等死主義，新黨是投降主義。

台灣對兩岸問題，經過十幾年調整，朝野雙方都認為台灣不是中華人民共和國的一部分。今天台灣內部只剩下是國旗和國號的問題，一個圖騰和代號了，為什麼其他兩黨沒有智慧、勇氣來決定。也許，不解決也無損於中華民國的主權，無損於台灣的獨立地位。因為它們都不是國際法上的國家四要素之一。

第二個觀點，我希望讓台灣人民了解，最近選舉時刻，只要主張台灣獨立，馬上就說中國會對台灣動武。現在很多人在說主張台灣獨立會引來中國進犯出兵，請問哪一位敢保證，國民黨所說的不統不獨保護中華民國，中國就真的不會打台灣？坦白說，現在只有主張一個中國，接受一國兩制，中國才不會打台灣，但這樣等於是台灣向中國投降。所以我希望台灣人民都能了解，戒慎恐懼，知道不管我們做了什麼。除了投降以外，中國對台灣都有併吞的野心。

三黨對兩岸關係很清楚中國是擴張主義，所以我要提醒台灣人民注意對岸仍然是我們的敵人，隨時會找機會併吞我們，絕對不會因為我們做或不做什麼就能逃避掉的。所以我們必須勇敢面對此問題，於是我才提出金馬撤軍這個主張，不像過去國民黨一再避談問題。以前國民黨派兵去突襲東山島、派飛機去偵查、派敵後工作隊去中國，這些計畫當年都有預算可查，難道就不怕刺激中國，引來中國打我們嗎？那時為什麼不說會引來中國進犯台灣？以前還說要「消滅共匪，殺朱拔毛」，為什麼也不說會引來中國打我們？現在我們說兩岸要和平共存反而會引來中國犯台，這種說法邏輯能通嗎？不要以為掌握了「權力」就代表了「真理」。人民有他的智慧、有他的判斷，你的權力固然可以讓人民閉嘴、可以讓人民畏縮，但不能讓人民的心靈屈服。

我積極提出如何才能確保台灣安全的主張，那天所提出金馬撤軍問題就是在此大架構下提出的：

第一，朝野對台灣前途要儘快形成共識，不要像巴勒斯坦，以阿戰爭、南非模式。其實我們只要經過朝野兩黨好好的談，透過公民投票程序來決定就可以解決，國民黨、民進黨都認為台灣是主權獨立國家，是一個政治實體，這個主張包括十幾年前美麗島時代說是台獨。

到了現在你我都認為台灣不屬於中華人民共和國，剩下的就只是國旗、國號問題，那就必須趕快形成共識。民進黨已表明態度、主張公民投票，國民黨既然認為大多數人民都贊成中華民國，那麼經過公投程序有什麼關係，為什麼不敢提呢？何況民進黨也覺得在此時投票，我們可能未必會贏，但民進黨都接受了，國民黨為什麼不相信人民的智慧、人民的判斷、人民是會負責任的；如果你不讓人民判斷，參與決策，他不會跟你同生共死，公民投票不只是要解決兩黨間的紛爭，更是要讓全體人民為他所做的決定負責盡忠，公民投票基本精神在此。

第一個共識形成後，第二點應該強化海空軍的力量，因為我們國家的預算有一定限度，不能漫無節制，使得國家的預算失控，這絕對不是一個負責任的政府，也不是一個負責任政黨的做法。所以我們應該考慮到整個國防力量要怎麼調整，也因此我才認為應該撤退金馬的部隊。

第三點，我為什麼主張要撤退金馬部隊，這裡一定要指出的是所謂「金馬神話」。長期以來在兩位蔣先生「反攻大陸」政策下，都認為金門、馬祖是反攻大陸的跳板，台灣的防衛前哨。在那個年代裡頭，甚至在我還小的時候，都在大叫這樣的口號。這個口號長期叫下來，使很多人僵化了思想，甚至很少人有軍事上專門的常識。其實，各位想一想，金門、馬祖能夠做為反攻的跳板嗎？能夠做為台灣防衛的前哨嗎？我自己在金門當砲兵觀測官，我第一次被關和被抓都在那裡，金門如果不是當年中美協防條約，美國強大的海空軍協防，美國太平洋艦隊作為後盾，我們是防守不住的啦！「一江山」就是一個例子，美國不協防「一江山」，結果「一江山」最後全部陣亡或是被捕，這是一個例子。

因此，金門、馬祖如果要作為反攻跳板和防衛前哨，一定要有兩個條件（或者說是一個條件），那就是一定要成為一個強大的海軍基地，或者是強大空軍基地（包括空軍飛彈在內），你才能中途攔截來襲的敵人。金門是一個那麼小的島嶼，傳統火砲就可封鎖你的港口，這樣一個地區怎麼能夠作為反攻大陸的跳板？以前我駐軍小金門，就常和我的官兵談到，我們在這裡（金門）真的反攻大陸，我們一定會死在這裡，我們游不過去也逃不走嘛。因為沒有飛機，也沒有船載我們過去反攻，我們完全被封鎖嘛，我們全會變成人質啊。金馬怎麼能扮演反攻大陸的跳板？中共最善於「圍點打援」的戰略，就是把一個部隊切開兩塊。再分別包圍起來，然後打你的援軍，金門就是一個點，金門不可能是反攻的跳板，金門也不可能是台灣的防衛前哨，因為它不是空軍基地，也不是海軍基地。

綿延一千一百多公里的中國海岸，中共若要攻打台灣，並不需要經過金馬，他可以選擇他最有利的地點，出兵進攻台灣。這時金門部隊、馬祖部隊可以游泳過去反攻大陸嗎？他用傳統火砲就可以把我們封住了，台灣三分之一的陸軍部隊全部會死在那裡、全部凍結在那裡。人民不知道這個道理，因為那時候只有一個聲音：蔣家的聲音。說那個地方是跳板就是跳板，說他是聖人就是聖人，就是這個樣子的時代。

這麼多年，我們也同意，也很感謝在半世紀以來，金馬民眾付出那麼多，和台灣人民共存亡。我們念茲在茲，不敢忘記金馬人民生活的提昇，經濟條件的改善，人權狀況的與時俱進。我們也念茲在茲，我們對金馬人民從來不敢忘記，我們愛他們如兄弟、姊妹一樣，所以我們從來沒有提過要放棄金馬。我要說的是「金馬神話」，已經完成了階段性的歷史任務，現在我們要追求台灣的安全，必須要另外有新的策略，新的方向。

從軍事上來講，中國要打台灣不是那麼簡單，諾曼第登陸用了六千艘的船艦，一萬架飛機，以及無數兵力作一年的準備，而且英吉利海峽只有二十三英哩，台灣海峽有一百多公里。而中國傳統上是一個陸軍國家，在短期內不可能變成一個海洋國家，所以中國要打台灣不是那麼容易。

我們更要記得中國迄今完全沒有放棄用武力解放台灣的野心，這點我們要謹記在心的。我常設身處地在想，如果有一天他（中國）真的想崩潰台灣，瓦解台灣的士氣，如果我現在不是民進黨主席，而是北京政府領導，我想的不會是怎麼採防守，而是如何進攻！我絕對不會攻打台灣，一定會先拿下金門和馬祖，因為那裡有十萬台灣子弟，五萬金門馬祖的兄弟、姊妹，受害的是金馬五萬兄弟姊妹和十萬台灣子弟及十萬個台灣家庭。

如果我是中國，對台灣問題我會輕而易舉地拿下金門，讓台灣人心惶惶。再說現在金門囤糧有多少？以前我在金門當兵時，金門只有六個月的戰備糧。現在陳清寶委員告訴我，他們吃的蔬菜、魚等等都是從廈門買的。這是戰地嗎？從廈門買糧食、水果，這是戰地嗎？我們囤兵在那裡幹什麼，等於是把珠寶放在那裡引誘別人來犯罪、來搶！如果萬一金門淪陷，那裡有十萬個台灣子弟兵。等於是十萬個台灣家庭在那裡。一旦變成中國人質、俘虜，那時我們只有投降，中國等於是付出最少代價，得到最大效果。為什麼作為一個國家領導人、執政黨沒有高瞻遠矚的想法去想敵人會怎麼打你？我們作為在野黨領導人都知道怎麼去除我們的危機，積極強化我們的力量。所以我們才會提出金馬撤軍。金馬撤軍等於是把珠寶收起來，不要引誘別人犯罪。

金馬撤軍對金馬人民的好處包括：

一、讓金馬人免於再受戰地政務這些官員的壓迫，金馬可以變成和平區、觀光區、國際金融區，這樣可以提昇金馬人生活水平，甚至如財政部規劃成為金融特區，變成兩岸的緩衝帶，讓國際參與，更加能保障金馬免於中國武力進犯。這構想是財政部所做的研究，也是去年民進黨提出來的主張，財政部把它更具體化，我不能理解陳清寶委員今天穿迷彩裝來幹什麼，事實上民進黨比他更關心金門人的生活改善、人權的提昇以及讓金馬人免於中國進犯的恐懼。

二、金馬撤軍後，陸軍可以削減，現在金馬有台灣三分之一的陸軍兵力，削減後人事費用可以減少，用來增加海、空軍防衛力量。

三、陸軍結構調整後，台灣兵役期可以從兩年減為一年，這樣年輕人可以少浪費一年時間，去就學、就業，可以嘉惠很多年輕子弟。

四、台灣目前勞力不足，如果陸軍削減，勞力市場每年至少可以增加數萬人人力，對台灣經濟發展有好處，國防預算也會更平衡化，金馬一旦發展為國際金融區，這樣對金馬狀況會有更大的改善。

五、一九九七後，金馬逐漸取代香港角色，不是金融特區角色，而是九七之後，台灣與中國的聯絡，如果九七之後，政治環境還未能達到兩岸直航時，對台灣安全有影響時，金馬可以是兩岸的中繼站，取代九七之後的兩岸關係，解決此問題，這樣會提高金馬安全保障，而不是降低。如果部隊還是在那裡，對金馬人反而是更危險。一身珠光寶氣，人家會搶你，把珠寶收起來，人家就不會來傷害你，然後再配合強化台灣的海、空軍力量。

第三個觀點是：強化人民的信心和決心，每個國家都有外在的挑戰和內部的危機，中國、美國、俄羅斯亦復如此，但最重要是國家領導人要給人民信心和決心，如果國家領導人都沒信心，那麼人民只會恐慌。如果沒有決心，只有瀰漫失敗主義。過去蔣氏父子還在時，大家還有信心，蔣氏父子是壓迫人權，但他們還像一個領導者，當時他們說的話有時被認為是說瘋話，但他們提出莊敬自強、處變不驚，簡單幾句話，他自己不怕，別人也跟著不怕了。蔣經國說：「勿恃敵之不來，正恃吾有以待之」，也都是在加強人民的信心。但現在李登輝、郝柏村動不動就拿中國來威脅台灣人民，搞得我們都很沒信心、人心惶惶，資金、人才外流，誰的責任？領導人自己不負責任，還說誰要負責？

以色列國家領土只有二萬平方公里，四百萬人民要對付二億人口的阿拉伯人，如何能生存下來？就是領導人有信心，人民有決心與土地共存亡！這是誰的責任，就是領導人的責任！但李登輝、郝柏村、連戰有負責任嗎？他們只是在散佈恐怖的思想。領導人沒有決心，人民會恐慌、流竄，一個國家除了物質條件，心理條件也是很重要的一環，所以我們要求建立信心和培養決心。

第四個觀點，如果我們都做到以上三點，那麼我們就自助了，國際社會自然就會協助我們，所謂自助才會人助。所以我說台灣的安全應該建構在「形成共識」、「強化海空軍力量」、「增加人民的信心和決心」，第四才是「自助人助」這四大架構。結果當天媒體報導只用一句話「金馬撤軍」沒有其他說明，甚至還有人說我放棄金馬，什麼理論都不說。那，台灣就是一個愚民社會。

所以今天我要求各位一起面對歷史，面對人民，誰敢跟我打賭？我今天敢大聲說：不管你們今天怎麼攻擊我、污衊我，金馬都一定會撤軍的！金馬早晚都一定會撤軍的！讓後人檢驗，看誰是先知者！今天我仍然要說金門愈早撤軍對台灣愈安全、對金門人愈有利。撤軍不是投降，不是出賣，更不是放棄。

這幾天有人為此要告我，我現在什麼都怕就是不怕被關！能為真理被關是榮耀，為信仰受苦是我的驕傲，何必拿我當玩具打知名度呢？

最後我要說我一生是這樣走過來的，我心中關心的已經不是權位，也不想追求財富，我心中真的非常期待兩岸的人民都能和平共存。我希望中華人民共和國領導人，不要「一將功成萬骨枯」，以實踐他的霸權來樹立他的歷史地位。新的歷史不是建構在擴張主義上，而是在於你是否真正疼惜你自己的人民、疼惜全人類以及是否真的為你的國家、你的人民改善生活，對文化做出正面貢獻，而不是你征服了多少土地。最後希望是兩岸人民能和平共存，希望台灣人民和中國人民可以免於另一次戰禍，希望台灣能光榮、安定的發展新未來。

（我請問記者們有沒有什麼問題要問？全場所有記者沒有人發問，記者會就這樣結束了。）

時間：一九九四年十月二十八日

地點：立法院

歷史與現場 347

金馬是引信，亦是誘餌？——遙送習總書記一束橄欖枝

作　　者—施明德
照片提供—施明德
主　　編—謝翠鈺
企　　劃—鄭家謙
封面設計—林采薇、楊珮琪
美術編輯—江麗姿

董 事 長—趙政岷
出 版 者—時報文化出版企業股份有限公司
108019 台北市和平西路三段二四〇號七樓
發行專線—（〇二）二三〇六六八四二
讀者服務專線—〇八〇〇二三一七〇五・（〇二）二三〇四七一〇三
讀者服務傳真—（〇二）二三〇四六八五八
郵撥—一九三四四七二四時報文化出版公司
信箱—一〇八九九 台北華江橋郵局第九九信箱
時報悅讀網— http://www.readingtimes.com.tw
法律顧問—理律法律事務所 陳長文律師、李念祖律師
印刷—勁達印刷有限公司
初版一刷—二〇二三年九月二十九日
定價—新台幣三〇〇元
（缺頁或破損的書，請寄回更換）

時報文化出版公司成立於一九七五年，
並於一九九九年股票上櫃公開發行，於二〇〇八年脫離中時集團非屬旺中，
以「尊重智慧與創意的文化事業」為信念。

金馬是引信，亦是誘餌？：遙送習總書記一束橄欖枝／施明德作．-- 一版．-- 臺北市：時報文化出版企業股份有限公司，2023.09
面；公分．--（歷史與現場；347）

ISBN 978-626-374-345-8（平裝）

1.CST: 臺灣政治 2.CST: 兩岸關係

573.07　　112015166

ISBN 978-626-374-345-8
Printed in Taiwan